Martina Knipp
Heinz-Lothar Worm

Deutsch an Stationen

SPEZIAL

Rechtschreibung

Handlungsorientierte Materialien für die Klassen 3 und 4

Auer Verlag

Die Herausgeber:

Marco Bettner – Rektor als Ausbildungsleiter, Haupt- und Realschullehrer, Referent in der Lehrerfort- und Lehrerweiterbildung, zahlreiche Veröffentlichungen als Autor und Herausgeber

Dr. Erik Dinges – Rektor einer Förderschule für Lernhilfe, Referent in der Lehrerfort- und Lehrerweiterbildung, zahlreiche Veröffentlichungen als Autor und Herausgeber

Die Autoren:

Martina Knipp – Grundschullehrerin, Rektorin als Ausbildungsleiterin für das Fach Deutsch an der Grundschule

Dr. Heinz-Lothar Worm – Lehrer für Grund-, Haupt-, Real- und Sonderschulen, Dozent an diversen Universitäten, zahlreiche Veröffentlichungen

Gedruckt auf umweltbewusst gefertigtem, chlorfrei gebleichtem
und alterungsbeständigem Papier.

1. Auflage 2013
Nach den seit 2006 amtlich gültigen Regelungen der Rechtschreibung

Illustrationen: Bettina Weyland
Umschlagillustration: Corina Beurenmeister
Satz: fotosatz griesheim GmbH
Druck und Bindung: Stückle Druck & Verlag
ISBN 978-3-403-**06817**-4
www.auer-verlag.de

Inhalt

Vorwort

Bei den vorliegenden Stationsarbeiten handelt es sich um eine Arbeitsform, bei der unterschiedliche Lernvoraussetzungen, unterschiedliche Zugänge und Betrachtungsweisen und unterschiedliche Lern- und Arbeitstempi der Schülerinnen und Schüler Berücksichtigung finden. Die Grundidee ist, den Schülerinnen und Schülern einzelne Arbeitsstationen anzubieten, an denen sie gleichzeitig selbstständig arbeiten können. Die Reihenfolge des Bearbeitens der einzelnen Stationen ist dabei ebenso frei wählbar wie das Arbeitstempo und meist auch die Sozialform.
Als dominierende Unterrichtsprinzipien sind bei allen Stationen die Schüler- und Handlungsorientierung aufzuführen. Schülerorientierung meint, dass der Lehrer in den Hintergrund tritt und nicht mehr im Mittelpunkt der Interaktion steht. Er wird zum Beobachter, Berater und Moderator. Seine Aufgabe ist nicht das Strukturieren und Darbieten des Lerngegenstandes in kleinsten Schritten, sondern durch die vorbereiteten Stationen eine Lernatmosphäre zu schaffen, in der Schülerinnen und Schüler sich Unterrichtsinhalte eigenständig erarbeiten bzw. Lerninhalte festigen und vertiefen können. Handlungsorientierung meint, dass das angebotene Material und die Arbeitsaufträge für sich selbst sprechen. Der Unterrichtsgegenstand und die zu gewinnenden Erkenntnisse werden nicht durch den Lehrer dargeboten, sondern durch die Auseinandersetzung mit dem Material und die eigene Tätigkeit gewonnen und begriffen.

Ziel der Veröffentlichung ist, wie oben angesprochen, das Anknüpfen an unterschiedliche Lernvoraussetzungen der Schülerinnen und Schüler. Jeder einzelne Schüler erhält seinen eigenen Zugang zum inhaltlichen Lernstoff. Die einzelnen Stationen ermöglichen das Lernen nach allen Sinnen bzw. nach den verschiedenen Eingangskanälen. Dabei werden sowohl visuelle (sehorientierte), haptische (fühlorientierte) als auch intellektuelle Lerntypen angesprochen. An dieser Stelle werden auch gleichermaßen die Bruner'schen Repräsentationsebenen (enaktiv bzw. handelnd, ikonisch bzw. visuell und symbolisch) mit einbezogen. Aus Ergebnissen der Wissenschaft ist bekannt: Je mehr Eingangskanäle angesprochen werden, umso besser und langfristiger wird Wissen gespeichert und damit umso fester verankert.

Viel Freude und Erfolg mit dem vorliegenden Heft wünschen Ihnen
die Herausgeber

Marco Bettner *Dr. Erik Dinges*

Lehrerinformationen

Rechtschreibübungen wirken oft ermüdend und mühsam auf Kinder, besonders auf die Kinder, die die Rechtschreibung dringend üben müssen. Und: Nicht alle Kinder haben die gleichen Rechtschreibprobleme. So sind Rechtschreibstunden zwar notwendige, aber dennoch meist recht formale Unterrichtssituationen, die den Kindern nicht wirklich Anlass zum freudigen Üben geben. Dabei kann Rechtschreiben Üben so viel Spaß machen!

Die Arbeit an Stationen ermöglicht es, dass jedes Kind in seinem Tempo an seinen eigenen Kompetenzen arbeiten kann. Dabei können auch immer neue Partnergruppen zusammen spielen und üben. Um für diese Arbeit einen Grundstock an Übungen und Spielen zur Verfügung zu stellen, wurde dieser Band konzipiert.

Die angebotenen Materialien bieten der Lehrkraft ein Arbeits- und Spielangebot, das ohne Vorbereitung einsetzbar ist. Die Lehrkraft sollte allerdings darauf achten, dass die Schülerinnen und Schüler nicht in der gleichen Stunde ähnliche Rechtschreibphänomene (wie z. B. *ie* und *ih*) bearbeiten. Im günstigsten Fall liegt wenigstens eine Woche zwischen der Übung ähnlicher Rechtschreibphänomene.

Durch das Inhaltsverzeichnis ist kein Progress vorgegeben. Die Materialien können gleichzeitig oder von der Lehrkraft systematisiert angeboten werden. Das ist auch dadurch bedingt, dass nicht alle Kinder der Klasse das gleiche Rechtschreibproblem haben; die Lehrkraft sollte aber den Schülerinnen und Schülern individuell fördernde Aufgaben anbieten.

Manche Rechtschreibphänomene gehören in zwei verschiedene Kapitel: Übungen zu Wörtern mit Doppelkonsonanten („Lang oder kurz?") könnten auch im Kapitel „Ein Laut – viele Buchstaben" eingesetzt werden. Um einen Stationenlauf aufzufüllen, sollte die Lehrkraft alle Kapitel durchsehen, welche Angebote die Kinder der Lerngruppe gerade benötigen.

Die Lehrkraft kann auf dem Laufzettel Übungen für die Kinder vorgeben; genauso können die Kinder anhand geschriebener Diktate heraussuchen, welche Rechtschreibphänomene sie noch einmal üben möchten.

In diesem Band wird absichtlich auf einen Rechtschreib-Führerschein oder eine Belohnung anderer Art verzichtet, um die Kinder gezielter dazu zu erziehen, auf ihre Erfolge beim Üben zu achten und weniger für eine zusätzliche „Belohnung" zu arbeiten.

Viel Freude und Erfolg beim Einsatz der Materialien wünschen Ihnen

Martina Knipp
Heinz-Lothar Worm

Materialaufstellung und Hinweise

Groß- und Kleinschreibung

Die Seiten 9 bis 16 in entsprechender Anzahl kopieren und den Schülerinnen und Schülern bereitlegen. Als Möglichkeit zur Selbstkontrolle können im Klassenraum Lösungsseiten ausgehängt werden.

Station 4 **Adjektive als Nomen**
Spielfiguren, Würfel und Pappkärtchen zum Abdecken des Lösungskasten zur Verfügung stellen. Den Spielplan (evtl. auf DIN A3 vergrößern) kopieren, laminieren und zuschneiden.

Lang oder kurz?

Die Seiten 17 bis 26 in entsprechender Anzahl kopieren und den Schülerinnen und Schülern bereitlegen. Als Möglichkeit zur Selbstkontrolle können im Klassenraum Lösungsseiten ausgehängt werden.

Station 2 **Wörter mit Dehnungs-*h***
Wortkarten laminieren und ausschneiden. An den Loch-Markierungen Gummis durchziehen und damit die Karten zu Wörtern zusammenhängen. An der Station bereitlegen.

Station 7 ***k* oder *ck*?**
Spielfiguren, Würfel und Pappkärtchen zum Abdecken der Wörterkiste bereitlegen. Den Spielplan (evtl. auf DIN A3) kopieren, laminieren und zuschneiden.

Station 8 **Wörter mit *ss* und *ß***
Würfel bereitlegen.

Ein Laut – viele Buchstaben

Die Seiten 27 bis 37 in entsprechender Anzahl kopieren und den Schülerinnen und Schülern bereitlegen. Als Möglichkeit zur Selbstkontrolle können im Klassenraum Lösungsseiten ausgehängt werden.

Station 1 **Wörter mit *äu* und *eu***
Scheren und Klebstoff bereitlegen.

Station 2 **Wörter mit *e* und *ä***
Zwei Schilder mit den Buchstaben *e* und *ä* auf dem Boden befestigen.

Station 3 **Wörter mit *ei* und *ai***
Scheren und Klebstoff bereitlegen.

Station 4 ***z* oder *tz*?**
Spielfiguren, Würfel und Pappkärtchen zum Abdecken der Wörterkiste bereitlegen. Den Spielplan (evtl. auf DIN A3) kopieren, laminieren und zuschneiden.

Station 9 **Wörter mit *ng***
Scheren und Klebstoff bereitlegen.

Anders sprechen als schreiben

Die Seiten 38 bis 48 in entsprechender Anzahl kopieren und den Schülerinnen und Schülern bereitlegen. Als Möglichkeit zur Selbstkontrolle können im Klassenraum Lösungsseiten ausgehängt werden.

Station 1 **Wörter mit *St/st***
Wörterbücher bereitlegen.

Station 2 **Wörter mit *Sp/sp***
Wörterbücher bereitlegen.

Station 4 **Wörter mit *Y/y***
Wörterbücher bereitlegen.

Station 5 **Wörter mit *Ch***
Bildkarten ausschneiden (evtl. laminieren) und auf dem Boden festkleben. Lösungsliste je nach regionaler Aussprache der Wörter Chemie und Chinese erstellen und an der Station bereitlegen.

Station 9 **Silbentrennendes *h***
Spielfiguren, Würfel und Pappkärtchen zum Abdecken der Wörterliste bereitlegen.

Zeichensetzung

Die Seiten 49 bis 55 in entsprechender Anzahl kopieren und den Schülerinnen und Schülern bereitlegen. Als Möglichkeit zur Selbstkontrolle können im Klassenraum Lösungsseiten ausgehängt werden.

Station 4 **Kommas nach Nebensätzen**
Scheren, Klebstoff und Papier bereitlegen.

Station 5 **Wörtliche Rede**
Scheren, Klebstoff und Papier bereitlegen.

Worttrennung

Die Seiten 56 bis 63 in entsprechender Anzahl kopieren und den Schülerinnen und Schülern bereitlegen. Als Möglichkeit zur Selbstkontrolle können im Klassenraum Lösungsseiten ausgehängt werden.

Station 3 **Trennung bei Wörtern mit *st***
Die Station 3 kann entweder von der Lehrkraft vorbereitet (als fertiges Memory®-Spiel) oder als Bastelsatz für die Gruppe bereitgestellt werden. Dann müssen die Blätter laminiert und zusätzlich Scheren bereitgelegt werden.

Station 5 **Trennung bei Wörtern mit *sch* und *ß* in der Mitte**
Spielfiguren und Würfel zur Verfügung stellen. Den Spielplan (evtl. auf DIN A3) sowie die Lösungskarte kopieren und laminieren.

Strategietraining: Abschreiben und Nachschlagen

Die Seiten 64 bis 68 in entsprechender Anzahl kopieren und den Schülerinnen und Schülern bereitlegen. Als Möglichkeit zur Selbstkontrolle können im Klassenraum Lösungsseiten ausgehängt werden.

Station 1 **Mitsprechwörter**
Wortkarten kopieren, laminieren, zuschneiden und auf einem Stapel verdeckt bereitlegen. Spielfeld aus 5 x 4 Feldern (je ca. DIN A4) nach Muster mit Klebeband auf den Boden kleben oder mit Kreide aufmalen.

F	G	S	W
H	A	D	C
T	N	L	B
I	U	M	K
E	R	P	Ü

Station 2 **„Fotografieren" von Wörtern**
Wortkarten kopieren, laminieren und zuschneiden.

Station 3 **Ein Wort im Wörterbuch finden**
Wörterbücher bereitlegen.

Station 4 **Nachschlagen im Wörterbuch**
Wörterbücher bereitlegen.

Station 5 **Schwierige Wörter im Wörterbuch finden**
Wörterbücher bereitlegen.

Die Spielideen zum Lernen durch und in Bewegung auf den Seiten 28, 29, 42, 49 und 64 orientieren sich an dem Buch „Bewegtes Lernen! Deutsch" von H. Beckmann/S. Janßen/A. Probst, erschienen 2012 im Auer Verlag – AAP Lehrerfachverlage GmbH, Donauwörth

ÜBERSCHRIFTENUND
WÖRTERAMSATZANFANG
WERDENGROSSGESCHRIEBEN.

1. Entziffere den Rätselsatz und schreibe ihn auf.

2. Trage die fehlenden Buchstaben ein.

Das Diktat

☐ eute schreiben die Kinder ein Diktat.
☐ ie neuen Wörter haben die Kinder gut geübt.
☐ ber die Lehrerin schreibt noch etwas an die Tafel.
☐ ie schreibt: „Am Satzanfang schreibt man immer groß!
☐ enkt an diesen Tipp."
☐ ann liest sie das Diktat einmal vor.
☐ anach diktiert sie Satz für Satz.
☐ um Schluss können die Kinder den Text noch einmal durchlesen.

Nomen
(= Namenwörter) werden großgeschrieben.
Dazu gehören auch Eigennamen.

1. Markiere die Nomen (Namenwörter) im Text.
   Vergleiche dein Ergebnis mit dem eines Mitschülers.

In der Schule

Jeden Tag gehe ich zur Schule.
Der Unterricht beginnt um 8.00 Uhr.
Bevor ich daheim losgehe, packe ich meine Schulsachen:
das Mäppchen, die Hefte, die Bücher und mein Pausenbrot.
Natürlich putze ich auch meine Zähne, bevor ich gehe.
Und ich wasche mich, bevor ich mich anziehe.

In der Schule treffe ich viele Freunde.
Ben sitzt neben mir. Mia sitzt mir gegenüber.
In der Pause spielen wir mit unserem Ball. Manchmal sitzen
wir auf dem Boden und malen mit Kreide bunte Bilder auf den Schulhof.

Ich mag es, wenn wir Geschichten schreiben.
Ich lese aber auch sehr gerne und ich mag den Sachunterricht.
Mathematik macht mir auch Spaß.

Ich gehe sehr gerne zur Schule.

2. Schreibe die gefundenen Nomen auf:

____

____

____

____

____

____

Anzahl der im Text gefundenen Nomen: ______________

Station 3 Nomen und andere Wortarten

Nomen
(= Namenwörter) werden
großgeschrieben.

1. Finde im Suchsel die zehn versteckten Wörter.
   Schreibe sie unten auf. Markiere die Großbuchstaben.

S	C	H	U	L	E	M	A	R	T
T	S	C	H	R	L	E	S	E	N
I	F	R	E	U	N	D	E	R	S
F	L	A	H	P	A	U	S	E	P
T	M	B	U	N	T	K	Y	A	O
M	S	C	H	Ö	N	V	E	A	R
N	A	F	R	E	U	E	N	S	T

Diese Wörter habe ich gefunden:

____

____

____

____

Merke: Nur die Nomen schreibst du groß, alle anderen Wortarten (Verben = Tunwörter, Adjektive = Eigenschaftswörter) schreibst du klein.

2. Ordne die gefundenen Wörter.

Nomen: ______________________________

Verben: ______________________________

Adjektive: ______________________________

Station 4 Adjektive als Nomen (Spielanleitung)

Manchmal werden Adjektive
(= Eigenschaftswörter)
zu Nomen (= Namenwörter).
Dann werden sie großgeschrieben.

Beispiele:

Der **kleine Bruder** geht noch in den Kindergarten.
Der **Kleine** geht noch in den Kindergarten.

Die **gesunden Menschen** brauchen keinen Arzt.
Die **Gesunden** brauchen keinen Arzt.

Alle **müden Leute** gehen gerne schlafen.
Alle **Müden** gehen gerne schlafen.

Würfelspiel

Suche dir einen Partner.
Du brauchst zwei Spielfiguren in verschiedenen Farben, einen Würfel und den Spielplan. Die Lösungen auf dem Spielplan deckst du zu. Sie werden zur Kontrolle benötigt.

Spielregeln:

Du stellst deine Spielfigur auf das rechte Feld Anfang/Ziel (A/Z), dein Partner wählt das linke Feld Anfang/Ziel (A/Z). Abwechselnd wird jeweils ein Feld vorgerückt. Auf jedem Feld wird gewürfelt.

Die Zahl der Würfelaugen sagt dir, welchen Satz du bearbeiten sollst. Du kannst zwischen zwei Sätzen frei auswählen. Du suchst dir einen Satz aus und überlegst, ob das unterstrichene Wort groß- oder kleingeschrieben werden muss. Danach deckst du die Lösungskarte auf und kontrollierst dich. Dein Partner kontrolliert natürlich mit.

Hast du dich geirrt, darfst du nicht weiterrücken, sondern musst auf diesem Feld bleiben und beim nächsten Durchgang noch einmal würfeln.

Sieger ist, wer zuerst ins Ziel kommt.

Station 4 Adjektive als Nomen (Spielplan)

M. Knipp//H.-L. Worm: Deutsch an Stationen SPEZIAL: Rechtschreibung (Klassen 3 und 4)

⚀ AM ABEND WIRD DER FAULE FLEISSIG.

⚀ DER KRANKE MUSSTE LANGE DAS BETT HÜTEN.

⚁ BRICH DEM HUNGRIGEN DEIN BROT.

⚁ DER BLINDE MANN KONNTE OHNE HILFE ÜBER DIE STRASSE GEHEN.

⚂ DER VERLETZTE FUSSGÄNGER WARTETE AUF DEN NOTARZT.

⚂ DEM GLÜCKLICHEN SCHLÄGT KEINE STUNDE.

⚃ DIE ALTE DAME HATTE IHRE BRILLE VERLEGT.

⚃ DIE REICHEN WOHNEN OFT IN GROSSEN HÄUSERN.

⚄ DIE ARMEN SOLLEN KEINE NOT LEIDEN.

⚄ DIE JUNGEN LEUTE GEHEN GERNE INS KINO.

⚅ DER VERMISSTE JUNGE IST WIEDER BEI SEINEN ELTERN.

⚅ DER KLÜGERE GIBT NACH.

Lösungen:

⚀ der **F**aule; der **K**ranke

⚁ dem **H**ungrigen; der **b**linde Mann

⚂ der **v**erletzte Fußgänger; dem **G**lücklichen

⚃ die **a**lte Dame; die **R**eichen

⚄ die **A**rmen; die **j**ungen Leute;

⚅ der **v**ermisste Junge; der **K**lügere;

Station 5 Verben als Nomen

Oft werden Verben (= Tunwörter) als Nomen (= Namenwörter) verwendet. Begleiter (der, die, das) und Verhältniswörter (beim, zum ...) können aus einem Verb ein Nomen machen. Dann werden sie großgeschrieben.

Beispiele:

Du gehst so langsam. Dir kann man beim **Laufen** die Schuhsohlen wechseln.

Großvater sagt: „Das **Gehen** ohne Stock fällt mir schwer."
Aber: „Ich kann ohne Stock nicht mehr gut **gehen**."

Vater sagt: „Es ist schon dunkel. Zum **Graben** im Garten ist es jetzt zu spät."
Aber: „Es ist zu spät, um noch im Garten zu **graben**."

Mutter sagt: „Vergiss nicht, zum **Schwimmen** deine Badesachen mitzunehmen."
Aber: „Wenn du **schwimmen** gehen willst, vergiss deine Badesachen nicht."

1. Bilde Sätze mit

(zum Lachen) ______________________________

____

(beim Tanzen) ______________________________

____

(das Abschreiben) ______________________________

____

2. Schreibe die folgenden Sätze auf. Überlege, ob das unterstrichene Verb (Tunwort) groß- oder kleingeschrieben werden muss.

„ICH HABE NICHTS ZUM <u>ANZIEHEN</u>."

____

„MIR FÄLLT DAS <u>SPRECHEN</u> NACH DER MANDELOPERATION NOCH SCHWER."

____

____

Station 6 Zeitangaben

Zeitangaben, die mit einem *s* enden, werden kleingeschrieben.

Beispiele:

Ich stehe **am Morgen** schnell auf.
Ich stehe **morgens** schnell auf.

Wir haben **am Mittwoch** Flötenstunde.
Wir haben **mittwochs** Flötenstunde.

1. Wandle die Zeitangaben um.

Mit meiner Großmutter telefoniere ich meistens **am Nachmittag**.

____

Bei uns gibt es **am Freitag** immer Fisch.

____

Ich bin **am Abend** oft müde.

____

Wir haben **am Samstag** immer schulfrei.

____

Hier fährt **in der Nacht** immer ein Zug vorbei.

____

2. Suche dir einen Partner. Diktiere ihm einen der beiden Texte in sein Heft. Achte darauf, dass er keine Fehler macht! Dann tauscht ihr und dein Partner diktiert dir den anderen Text.

(1) In der Schule esse ich vormittags mein Pausenbrot. Warmes Essen gibt es mittags daheim. Am Nachmittag esse ich gerne einen Apfel. Und abends essen meine Eltern und ich gemeinsam. Nur mittwochs gehen wir zusammen zum Abendessen in ein Gasthaus.	**(2)** Am Montag haben wir in der Schule Sport. In Kunst zeichnen und basteln wir dienstags tolle Kunstwerke. Unsere Lehrerin bringt freitags oft englische Spiele mit. Dann rennen wir mittags lachend nach Hause. Oft gehen wir sonntags in die Kirche.

Station 7 Briefe und E-Mails

Wenn du jemandem eine E-Mail oder einen Brief schreibst, dann schreibst du das Wort „Sie“ als Anrede immer groß. Auch „Ihnen, „Ihre“ und „Ihren“ werden dann großgeschrieben, wenn sie Anreden sind.

Wenn du zu jemandem „Du“ sagst, kannst du das Du groß- oder kleinschreiben.

1. Fülle die E-Mail aus.
   Achte darauf, dass du die Anrede hier großschreibst.

Liebe Frau Müller,

ich komme gerne zu ________________ in die Schule.

________________ Sachunterrichtsstunden sind immer sehr spannend.

Ich lerne gerne bei ________________

Aber jetzt habe ich eine Bitte an ________________, auch wenn ich weiß, dass

________________ das sehr schwerfallen wird:

Bitte machen ____________ mit uns etwas zum Thema Spinnen.

Ich weiß, dass ____________ sich ein bisschen vor Spinnen ekeln, aber eigentlich sind

sie ganz normale und friedliche Tiere.

Ganz viele Grüße

____________ ________________________________

Dieanredesieschreibtmangroß.

2. Schreibe diesen Rätselsatz richtig auf.

Station 1 Doppelvokale *aa, ee, oo*

Wörter mit Doppelvokalen (= doppelten Mitlauten) sind Lernwörter, die du dir einprägen musst.

1. Setze die folgenden Wörter in das Kreuzworträtsel ein.
   Finde das Lösungswort.

   BEERE – BEET – BOOT – DOOF – HAARE – KAFFEE –

   KLEEBLATT – LEER – MEER –

   PAAR – SAAL – SCHNEE – SEE –

   SEELE – TEE – WAAGE –

   ZOO

Lösungswort: ☐ ☐ ☐ ☐ (1 2 3 4)

2. Wähle drei Doppelvokalwörter aus. Schreibe daraus eine kleine Geschichte.

____

____

____

____

____

Station 2 Wörter mit Dehnungs-*h* (Arbeitsblatt)

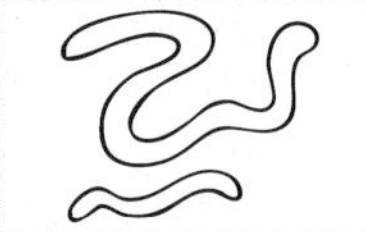

Bei Wörtern, die mit Dehnungs-*h* geschrieben werden, sprichst du den Vokal vor dem *h* lang. Es sind Lernwörter.

1. Nimm dir die Wortkarten. Sprich das Wort und dehne dabei die Gummis, sodass sich die Wortkarten auseinanderziehen.

2. Stelle die Satzteile passend um. Schreibe die Sätze auf. Sprich dazu.

fehlerfreie Die Lehrerin uns zehn zurück gibt Diktate

fahren jedes Jahr mit der Bahn nach Ahlen Wir

bohrt Frau Ohles Sohn im Ohr

um sieben Uhr Die Müllabfuhr fuhr nach Uhingen

Leider Wörter nur mit gibt es wenige ih: ihr, ihn, ihm, ihre

Stühle Kühle fühlen sich blöd an

3. Finde vier Tiere. Male die Buchstaben in unterschiedlichen Farben an.

HUHNREHHAHNKUH

Station 2 Wörter mit Dehnungs-*h* (Wortkarten)

U	H	R
JA	H	R
ZA	H	N
FA	H	REN
LE	H	RER
FE	H	LER
BELO	H	NUNG

Station 3 Wörter mit *ie*

Die meisten Wörter, bei denen du das *i* lang sprichst, musst du mit *ie* schreiben.

1. Sieh die Reihen im Suchsel waagerecht und senkrecht durch.
   Finde viele Wörter mit *ie* und notiere sie. Welche Wörter findest du zweimal?
   Welches Wort kommt einmal in der Einzahl und einmal in der Mehrzahl vor?

G	I	E	S	S	E	N	W	T	I	E	F
D	V	I	E	R	Z	W	I	E	B	E	L
I	I	S	K	N	I	E	E	S	I	E	B
E	E	Q	U	I	E	T	S	C	H	E	N
B	L	A	U	F	L	I	E	H	E	N	I
S	I	L	K	L	I	E	T	I	E	R	E
P	A	B	R	I	E	F	I	E	B	I	T
I	D	R	I	E	C	H	E	N	O	E	E
E	B	I	E	G	E	N	R	E	E	S	U
L	I	E	G	E	N	B	I	E	N	E	L
E	E	S	E	L	A	M	M	I	E	T	E
N	R	E	N	L	I	E	B	E	S	I	E

2. Versuche, den Zungenbrecher so schnell wie möglich einem Mitschüler vorzusagen.
   Wer von euch kann ihn schneller fehlerfrei sprechen?

Wenn Fliegen hinter Fliegen fliegen, fliegen Fliegen Fliegen hinterher.

Station 4 Wörter mit langem *i*

Bei einigen Wörtern wird ein einfaches *i* lang gesprochen.
Diese Wörter musst du lernen.

Finde Wörter mit lang gesprochenem *i* in der Wörterspirale.
Schreibe sie unten auf.

Station 5 Doppellaute *ei, au, eu*

Suche dir einen Partner und diktiere ihm die Rätselworte.
Achte darauf, dass er keine Fehler macht! Erst schreibt er sie auf sein Arbeitsblatt.

Danach wechselt ihr und du lässt dir von ihm die Rätselworte diktieren. Der Partner passt auf, dass du sie richtig schreibst.

** = ei
= au
++ = eu

Station 6 Wörter mit Doppelkonsonanten

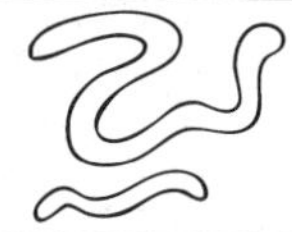

Auf einen kurz gesprochenen Vokal folgen oft Doppelkonsonanten (= doppelte Mitlaute): *ll, mm, nn, tt …*

1. Sieh dir die Bilder an. Was ist das?

Das ist ein ______________

Das ist eine ______________

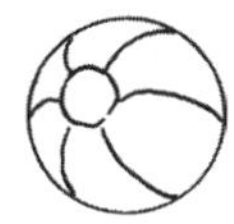

Das ist ein ______________

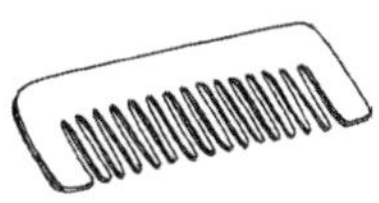

Das ist ein ______________

Das ist eine ______________

Das ist ein ______________

2. Im Suchsel findest du viele Wörter mit Doppelkonsonanten.
Male sie gelb an und streiche sie auf der Wörterliste durch.
Wenn du Wörter findest, die **nicht** auf der Wörterliste stehen, schreibe sie unten auf.

Sommer	Platte
Sonne	Kaffee
Wanne	Bett
Puppe	Mitte
Pudding	Kaugummi
Bitte	Sternschnuppe
Rolle	Kette
Stall	Sattel
Mutter	Natter
Ratte	Wolle

N	M	W	O	W	P	U	D	D	I	N	G	U
A	I	R	N	A	T	T	E	R	K	P	R	N
S	T	K	R	N	B	E	T	T	A	U	U	N
S	T	E	R	N	S	C	H	N	U	P	P	E
S	E	T	T	E	T	U	H	U	G	P	P	W
A	K	T	O	R	A	T	T	E	U	E	E	O
T	N	E	P	P	L	S	O	M	M	E	R	L
T	A	R	O	L	L	E	F	L	M	Ü	L	L
E	L	S	O	N	N	E	F	B	I	T	T	E
L	L	A	M	U	T	T	E	R	E	B	B	E
K	A	F	F	E	E	M	P	L	A	T	T	E

____

Station 7 *k oder ck?* (Spielanleitung)

Merke:
Nach *l, n* oder *r* steht niemals ein *ck*.

Würfelspiel

Suche dir ein bis drei Mitspieler.
Du brauchst einen Würfel, eine Karte zum Abdecken der Wörterkiste und für jeden Mitspieler eine Spielfigur. Zuerst deckst du die Wörter in der Wörterkiste auf dem Spielplan ab. Sie werden nur zur Kontrolle gebraucht.

Spielregeln:
Beginnt bei A = Anfang. Es wird reihum gewürfelt. Rauswerfen gibt es nicht, bereits besetzte Felder werden einfach übersprungen. Bei einer 6 wird nicht nochmal gewürfelt.

Wer ein Feld erreicht hat, entscheidet, ob das dort stehende Wort mit *k* oder *ck* geschrieben wird. Anschließend kontrollieren alle Mitspieler, ob richtig entschieden wurde. Dazu deckt man die Wörterkiste auf. Danach werden die Wörter wieder abgedeckt.

Hat ein Spieler eine falsche Entscheidung getroffen, muss er zurück auf A.
Sieger ist, wer zuerst Z = Ziel erreicht hat.

Station 7 | k oder ck? (Spielplan)

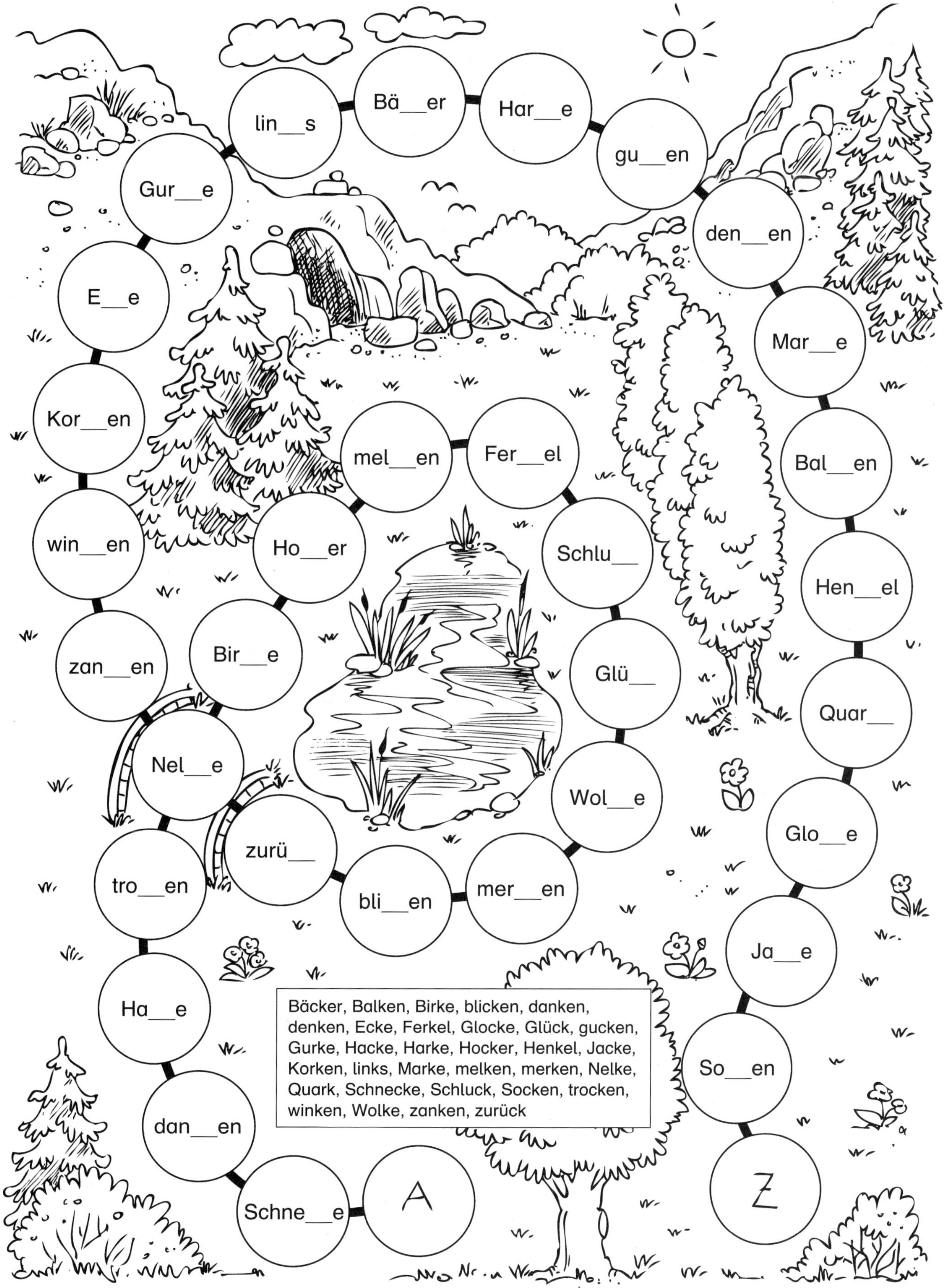

Bäcker, Balken, Birke, blicken, danken, denken, Ecke, Ferkel, Glocke, Glück, gucken, Gurke, Hacke, Harke, Hocker, Henkel, Jacke, Korken, links, Marke, melken, merken, Nelke, Quark, Schnecke, Schluck, Socken, trocken, winken, Wolke, zanken, zurück

Station 8 Wörter mit *ss* und *ß*

Das *ß* schreibt man nach langen Vokalen, Doppelvokalen (= doppelten Selbstlauten) oder nach *au, ei, eu, ie*.

Das *ss* schreibt man nach kurzen Vokalen.

1. Ergänze die fehlenden Buchstaben. Setze *ss* oder *ß* ein.
   Höre genau, ob ein Vokal lang oder kurz gesprochen wird.

sü__	Strau__	Wa__er	wei__	kü__en
Stra__e	flei__ig	Kla__e	Fu__ball	la__en
bei__en	gebi__en	gro__	au__en	Ta__e
fre__en	gie__en	gego__en	hei__	scheu__lich
Ma__band	me__en	na__	zuschlie__en	Ta__e

2. Vor den Wörtern in Aufgabe 1 ist ein Würfel abgebildet.
   Nimm dir einen Würfel und würfle dreimal. Wähle drei Wörter mit einem Würfel in entsprechender Augenzahl aus und notiere diese. Bilde daraus einen Satz und schreibe ihn auf.

Gewürfelte Wörter: ____________________

____

____

Würfle noch dreimal.

Gewürfelte Wörter: ____________________

____

____

Würfle noch dreimal.

Gewürfelte Wörter: ____________________

____

____

Station 1 Wörter mit äu und eu (1)

äu klingt genau wie *eu*.
Man kann beim Sprechen keinen Unterschied hören.

Aber: Viele *äu*-Wörter lassen sich von einem *au*-Wort ableiten.

1. Schneide die *äu*-Wörter aus und klebe sie zu dem passenden *au*-Wort.

Faust	
Baum	
Blumenstrauß	
laut	
Zaun	
Maus	
Traum	
außen	
bauen	
Haus	

Fäuste | Bäume | läuten | Zäune | Mäuse

Gebäude | Blumensträuße

Träume | äußerlich | Häuser

Station 1 Wörter mit äu und eu (2)

2. Setze die *eu*-Wörter ein und finde die Lösung.

BEREUEN – BEULE – DEUTSCH – EULE – FEUER – FREUEN – FREUNDIN – FREUNDLICH – KEULE – KREUZ – LEUCHTEN – STREUEN – TEUER – TREU – ZEUGNIS

Lösung:

3. Suche dir einen Partner.
Du liest eine Zeile mit Wörtern Wort für Wort vor. Dein Partner entscheidet, ob man das Wort mit äu oder eu schreibt. Je nachdem, führt er eine Bewegung aus:
Schreibt man es mit *äu*, springt er hoch.
Schreibt man es mit *eu*, geht er in die Hocke.
Dann tauscht ihr und dein Partner liest die andere Zeile mit Wörtern vor.
Kontrolliert euch gegenseitig.

Kr**ter **ter M**te R**ber Verk**fer Abent**er B**erin

s**erlich L**fer d**tlich K**fer f**cht L**te bet** ben

Station 2 Wörter mit *e* und *ä*

Bei *e* und *ä* gibt es beim Sprechen keinen Unterschied.
Die *ä*-Wörter sind Lernwörter. Manche kannst du von einem *a*-Wort ableiten.

1. Sieh die Reihen im Suchsel waagrecht und senkrecht durch.
   Finde viele Wörter mit *ä* und trage sie unten ein.

T	R	Ä	N	E	N	E	R	N	G
M	Ä	D	C	H	E	N	G	Ä	Ä
H	T	S	H	H	L	W	E	H	H
Ä	S	C	H	W	Ä	T	Z	E	N
S	E	H	O	I	H	S	Ä	N	E
C	L	W	T	E	M	Ä	H	E	N
H	K	Ä	S	E	U	T	L	E	H
E	R	N	I	M	N	R	E	Z	N
N	N	E	L	L	G	O	N	A	H
J	Ä	T	E	N	K	Ä	F	I	G

2. Suche dir einen Partner.
   Auf dem Boden liegen die Buchstaben *ä* und *e*.
   Entscheide, ob man die Wörter mit *ä* oder *e* schreibt, und springe dann zum richtigen Buchstaben. Dein Partner kontrolliert dich. Nach der Hälfte der Wörter wechselt ihr.

M__rz	K__fer	W__lle	W__lder
G__lb	Z__hne	H__hnchen	qu__len
F__lder	__rgern	M__rchen	__rnten
sp__t	z__hn	g__ht	b__llen
W__lt	F__der	St__rn	z__rtlich

Station 3 Wörter mit *ei* und *ai*

ai-Wörter werden wie *ei*-Wörter gesprochen. Man hört keinen Unterschied. *ai*-Wörter sind Lernwörter.

1. Schneide die Wörter unten aus, ergänze *ai* oder *ei* und klebe sie in das richtige Bild.

2. Schreibe zu jedem *ai*-Wort einen kurzen Satz.

M__i	Schw__in	M__is	Fl__iß	L__ine	L__ib (Brot)
H__i	K__iser	Br__i	__is	St__in	Froschl__ich

Station 4 z oder tz? (Spielanleitung)

Merke:
Nach *l, n* oder *r* steht niemals ein *tz*.

Würfelspiel

1. Suche dir ein bis drei Mitspieler.
   Du brauchst einen Würfel, eine Karte zum Abdecken der Wörterkiste und für jeden Mitspieler eine Spielfigur. Die Wörter in der Wörterkiste auf dem Spielplan deckst du ab. Sie werden zur Kontrolle gebraucht.

Spielregeln:

Beginnt bei A = Anfang. Es wird reihum gewürfelt. Rauswerfen gibt es nicht, bereits besetzte Felder werden einfach übersprungen. Bei einer 6 wird nicht nochmal gewürfelt.

Wer ein Feld erreicht hat, entscheidet, ob das dort stehende Wort mit *z* oder *tz* geschrieben wird. Anschließend kontrollieren alle Mitspieler, ob richtig entschieden wurde. Dazu deckt man die Wörterkiste auf. Danach werden die Wörter wieder abgedeckt.

Hat ein Spieler eine falsche Entscheidung getroffen, muss er zurück auf A. Sieger ist, wer zuerst Z = Ziel erreicht hat.

Station 4 z oder tz? (Spielplan)

Blitz, Funzel, ganz, glotzen, Herz, Hitze, Holz, Katze, kitzeln, kratzen, kurz, Metzger, Mütze, Pelz, Pflanze, Pfütze, Plätzchen, platzen, purzeln, Ranzen, Sätze, Salz, Schatz, schmatzen, schmelzen, Schmerz, Schmutz, schwätzen, setzen, Tanz, Walze, Warze, würzen, Wurzel

A

Bli_

Fun_el

gan_

glo_en

Her_

Hi_e

Hol_

Ka_e

ki_eln

kra_en

kur_

Me_ger

Mü_e

Pel_

Pflan_e

Pfü_e

Plä_chen

pla_en

pur_eln

Ran_en

Sä_e

Sal_

Scha_

schma_en

schmel_en

Schmer_

Schmu_

schwä_en

se_en

Tan_

Wal_e

War_e

wür_en

Wur_el

Z

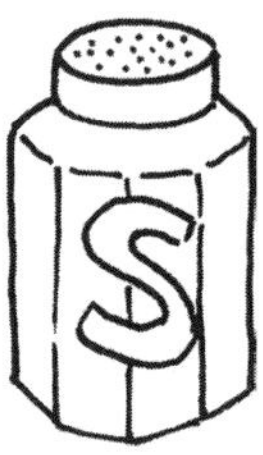

Station 5 Wörter mit *chs* und *x*

Manchmal schreibt man *chs*,
wenn man *ks* hört.

1. Kreise alle *chs* ein.

„Meine Schwester und ich werden immer verwechselt“, sagt Annika.

„Aber ich wachse schneller als sie und ich werde bald größer sein.“

„Ich habe noch sechs Geschwister“, sagt Jan.
„Wir wechseln oft die Zimmer, damit alle Platz haben.“

2. Finde Wörter mit *chs* und notiere sie.

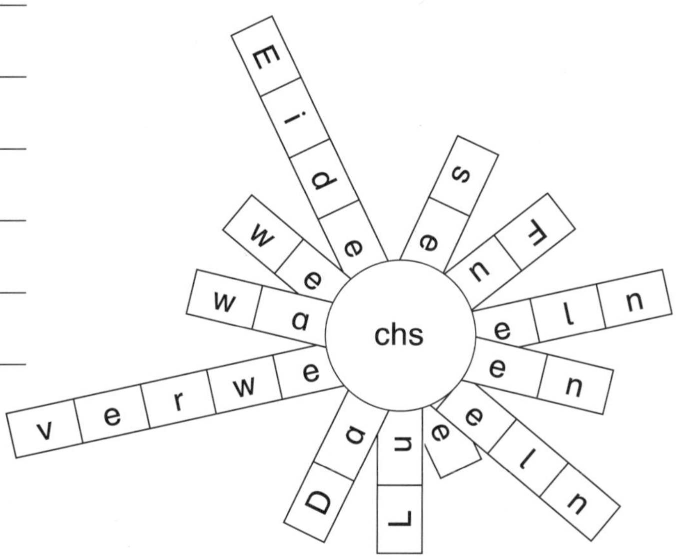

3. Wörter mit *x* sind selten. Suche dir einige aus und schreibe dazu einen Satz.

Hexe und **hexen**	**Nixe**	**Mixer** und **mixen**	**Xylofon**	**Alexander**	**Axt**

Station 6 b oder p am Wortende

Viele Wörter enden auf *b*, einige auch auf *p*.
Beim Sprechen kann man den Unterschied nicht hören.
Es gibt nur die Möglichkeit, das Wort zu verlängern
(Mehrzahl, Steigerung).

Beispiele:

Die_ Verlängerung: Diebe, also: **Dieb**

plum_ Verlängerung: plumper, also: **plump**

1. Finde im Suchsel viele Wörter, die auf b enden.
   Schreibe sie unten auf. Welches Wort kommt zweimal vor?

H	K	A	L	B	L	H	E	R	B
H	A	L	B	L	A	A	S	O	L
I	S	I	R	A	U	B	T	S	O
E	T	E	T	U	B	E	A	I	B
B	A	B	D	I	E	B	U	E	L
L	B	G	E	L	B	A	B	B	A
W	K	E	R	F	I	R	B	I	U
W	E	I	B	A	N	K	O	R	B

2. Suche dir einige Wörter aus und schreibe dazu einen kurzen Satz.

Station 7 *g oder k am Wortende*

Wenn du nicht sicher bist, ob du am Ende eines Wortes ein *g* oder *k* schreiben musst, kannst du das Wort verlängern (Mehrzahl bilden, steigern ...).

1. Verlängere die folgenden Wörter.

der Zweig	–	die Zweige	star__	–	stär________
der Käfig	–	die Kä______	der Schlag	–	die Schl________
der Ta__	–	die ________	die Ban__	–	die ________
das Wer__	–	die ________	hungri__	–	hungri__er

2. Setze *g* oder *k* am Ende des Wortes ein.

Köni_

Zwer_

Bur_

g

oder

k

Honi_

Par_

Fabri_

3. Kennst du weitere Nomen, die mit *g* oder *k* am Ende geschrieben werden? Schreibe und/oder zeichne sie in ein Kästchen.

Station 8 *d oder t am Wortende*

Wenn du nicht sicher bist, ob du am Ende eines Wortes ein *d* oder *t* schreiben musst, kannst du das Wort verlängern (Mehrzahl bilden, steigern ...).

1. Verlängere die folgenden Wörter.

das Feld	–	die Felder	das Wor__	–	die Wör ________
das Ba__	–	die B ________	das Klei__	–	die K ________
das Lie__	–	die ________	der Wal__	–	die ________
die Wel__	–	die ________	kal__	–	käl ________
har__	–	här ________	der Hun__	–	die ________

2. Eines der Wörter auf dem Band wird am Ende mit *t* geschrieben. Markiere es.

MUN__ GESUN__ PFUN__ BUN__ RUN__ WUN__

3. Steigere die folgenden Adjektive (= Eigenschaftswörter).

spannen__	–	________________	–	am ________________
frem__	–	________________	–	am ________________
blö__	–	________________	–	am ________________
will__	–	________________	–	am ________________

4. Beschrifte die Abbildungen.

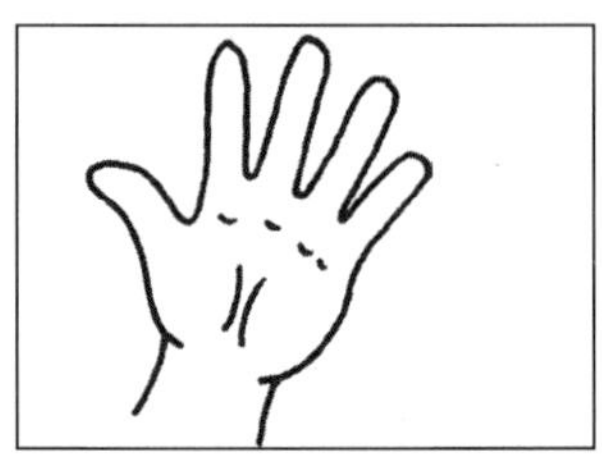

________ ________ ________ ________

Station 9	Wörter mit *ng*	

> Das *ng* kannst du nicht als *n* + *g* in Wörtern hören.
> Im Wort *Ring* klingt es auch etwas anders als im Wort *Flamingo* (da hörst du das *g* besser).
>
> Wörter mit *ng* sind also Lernwörter.

Schneide die Wörter unten aus. Klebe sie an die passende Stelle im Text.
Kreise alle *ng* ein.

In der Schule

In der Schule gebe ich mir Mühe und muss mich ______ .

Vom vielen Schreiben tun mir manchmal die ______ weh!

Aber manchmal ______ wir auch ein Lied und wir lernen ganz viele

spannende ______ . Wenn es ______ , haben wir Frühstückspause.

Das ist auch gut so, ich habe meistens schon großen ______ .

Nach der Frühstückspause ist die große Pause.

Da spielen wir dann:

Die Mädchen ______ die ______ .

Manchmal machen die ______ auch einen ______ .

Ich mag die Schule.

Auch, wenn ich mich manchmal ______ muss.

Hunger	fangen	Jungen	Ringkampf	anstrengen	Dinge
klingelt	singen	Jungen	Finger	anstrengen	

Station 1 Wörter mit St/st

Wenn du *scht* sagst, musst du trotzdem *st* schreiben.
Das gilt immer am Anfang der Wörter, aber auch in der Mitte.

Beispiele: Stuhl, Frühstück

1. Kreise alle *St* und *st* in den Wörtern im Kasten ein. Bilde Sätze aus den Wörtern und schreibe sie in dein Heft. Lies deine Sätze einem anderen Kind vor. Zähle, wie oft du *St* oder *st* benutzen konntest.

   Ich habe ___ -mal *St* oder *st* benutzt.

Stuhl Stange Stapel Straße
Stiefel Stempel Stier Strauß
stehlen stolpern streiten
stürzen stempeln staunen
stänkern stumpf streng
stumm still stur stolz

2. Finde im Wörterbuch viele Wörter mit *St* oder *st*. Schreibe sie in die Wolke.

3. Bilde aus den gefundenen Wörtern einige Sätze.

____

____

____

____

____

____

4. Bilderrätsel

   Finde die Lösung.
   Man sieht es im Herbst.

   Lösung: ______________________

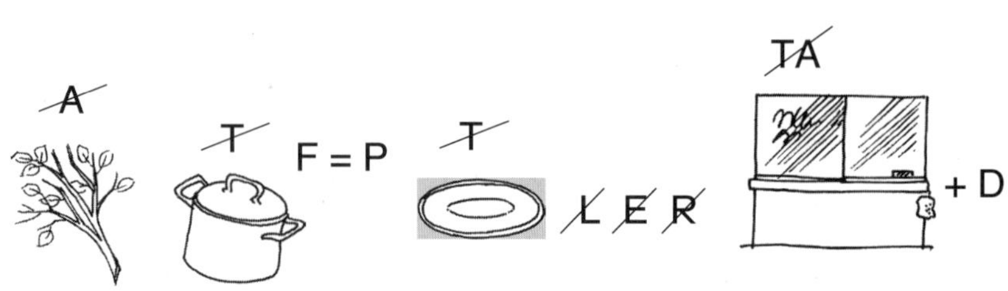

Station 2 Wörter mit *Sp/sp*

Wenn du *schp* sagst, musst du trotzdem *sp* schreiben.
Das gilt immer am Anfang der Wörter, aber auch in der Mitte.

Beispiele: Spardose, Gespenst

1. Schlage die Wörter im Wörterbuch nach und schreibe sie zu den Bildern.

 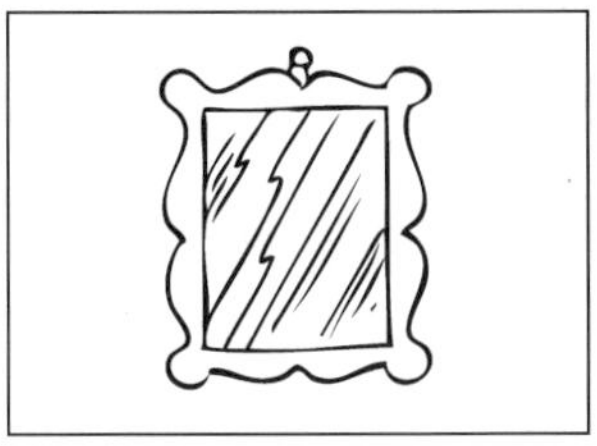  

2. Was tun die Kinder? Schlage auch diese Wörter im Wörterbuch nach und schreibe sie zu den Bildern.

3. Finde viele *Sp*-Wörter und schreibe sie auf.

Station 3 Wörter mit Qu / qu

Wenn du *kw* hörst, dann schreibst du *Qu* oder *qu*.

1. Schreibe die Antworten hinter die Fragen.

Quietschen Quallen? Nein, Quallen quietschen nicht.

Qualmen Quirle? Nein, ______________________

Quaken Quellen? ______________________

Quieken Quartette? ______________________

Sind Quadrate quer? ______________________

2. Was ist was?

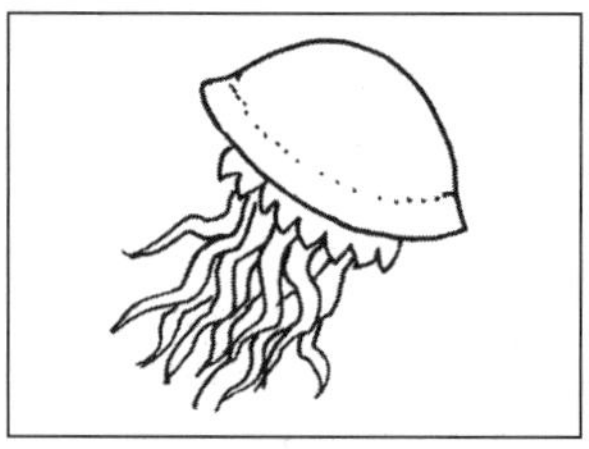

Das ist eine ______________

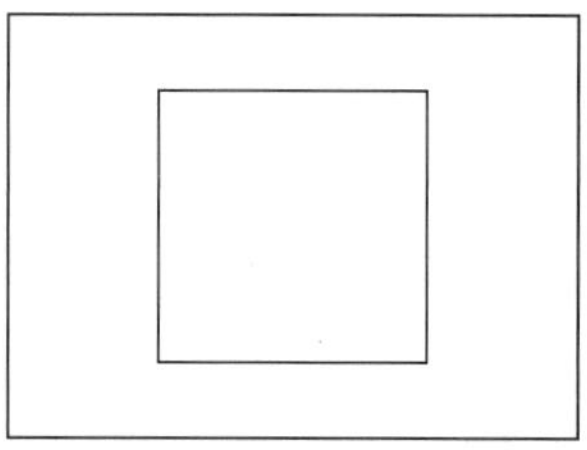

Das ist ein ______________

Das ist ein ______________

Das ist ______________

3. Was tun die denn?

Der Frosch ______________

Die Kinder ______________

Die Reifen ______________

Der Schornstein ______________

Station 4 Wörter mit Y/y

Das *Y/y* hört sich ganz unterschiedlich an.

Im Wort *Baby* klingt es wie ein *i*.
Im Wort *Yoga* klingt es wie ein *J*.
Im Wort *Pyramide* klingt es wie ein *ü*.

Wörter mit *y* sind also Lernwörter.

1. Trage die Wörter aus dem Y in die Tabelle ein.
   Schreibe sie in die Spalte der gleich klingenden Wörter.

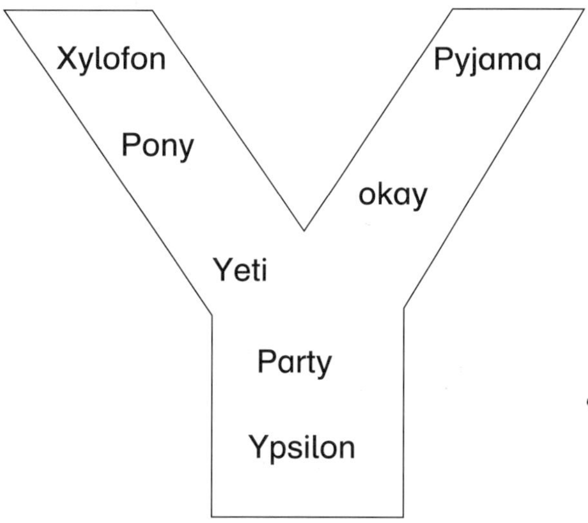

Baby	**Yoga**	**Pyramide**

2. Finde im Wörterbuch weitere Wörter mit *Y/y*.
   Trage sie in die passende Spalte ein.

Station 5 Wörter mit Ch (Arbeitsblatt)

Das *Ch* klingt in verschiedenen Wörtern unterschiedlich.

Im Wort *Chamäleon* klingt es wie ein *K*.
Im Wort *Champagner* klingt es wie ein *Sch*.
Im Wort *Chips* klingt es wie *Tsch*.

Wörter mit *Ch* sind also Lernwörter.

1. Suche dir einen Partner.
   Auf dem Boden liegen drei Schilder mit Bildern. Lies die Wörter einer Spalte und bestimme Wort für Wort, wie das *Ch* klingt. Stelle dich auf das Schild mit dem entsprechenden Bild. Dein Partner kennzeichnet auf deinem Arbeitsblatt, für welche Aussprache du dich entschieden hast.
   Das Wort klingt wie *Chamäleon*: *
   Das Wort klingt wie *Champagner*: o
   Das Wort klingt wie *Chips*: +
   Tauscht dann die Rollen. Kontrolliert am Ende, ob ihr euch richtig entschieden habt.

Chor	☐	Chef	☐
Chinese	☐	Chat	☐
Cheeseburger	☐	Christbaum	☐
Champion	☐	Chemie	☐
Chance	☐	Chaos	☐

2. Setze alle *Ch*-Wörter dieses Arbeitsblattes in das Kreuzworträtsel ein und finde die Lösung.

Lösung: ☐☐☐☐ ☐☐☐☐☐ L☐☐☐☐ !

1 2 3 4 5 6 7 8 9 10 11 12 13

Station 5 | Wörter mit *Ch* (Bildkarten)

Station 6 Wörter mit V/v

Das *V* kannst du durch das Hören nicht richtig erkennen. Manchmal klingt es wie ein *F*, zum Beispiel in *Vater* oder *Vogel*. Manchmal klingt es wie ein *W*, zum Beispiel in *Vase* oder *Vampir*.

Wörter mit *V/v* sind deshalb Lernwörter.

Unterstreiche im Text alle Wörter mit *V* und *v*. Schreibe sie auf die Zeilen hinter dem Text.

Manchmal hat Vater Vampir einen Vogel. Vater, V ______________________

Vormittags ist er unvorsichtig und vergisst, ______________________

sich zu verstecken. ______________________

Er verschläft die halbe Nacht und verhungert fast. ______________________

Kurz vor Sonnenaufgang sucht er völlig verzweifelt ______________________

nach Avocados: ______________________

Er ist ein vorbildlicher Vegetarier. ______________________

Aber er sollte viel vorsichtiger sein. ______________________

Seine Verwandten, besonders seine Vettern, ______________________

finden ihn verrückt und verheerend unverbesserlich. ______________________

Aber Vater Vampir ist immer vergnügt. ______________________

Eva Vampir ist froh, dass er ihr Vater ist. ______________________

Ganz egal, für wie verrückt, versponnen und ______________________

unvernünftig ihn die Verwandten halten. ______________________

Das ist der verrückte, versponnene Vater Vampir mit seiner Avocado.

Das ist Eva Vampir. Sie ist vergnügt.

Das sind die verzweifelten Verwandten von Eva und Vater Vampir.

Station 7 Wörter mit *Pf/ pf*

Den Laut *Pf/pf* musst du sehr deutlich sprechen, damit man ihn hören kann. Wenn du beim Sprechen die Hand vor den Mund hältst, spürst du beim *Pf* ganz deutlich einen Luftstrom.

Löse das Rätsel und finde das Lösungswort.

Tipp:
Alle Wörter beginnen oder enden mit *Pf.*

Den schießt du mit einem Bogen.

Er entsteht beim Kochen von Wasser.

Den backst du in der Pfanne.

Du bekommst es zurück, wenn du Leergut abgibst.

Darauf kannst du reiten.

Tipp:
Nun ist das pf in der Mitte.

Sie tragen das Gewicht einer Brücke.

Der wächst an einem Baum.

Wenn du ihn hast, läuft dir die Nase.

Der wächst an der Tanne.

Lösungswort:

1	2	3	4	5	6	7	8	9

Station 8 er am Wortende

Beim Sprechen von Wörtern mit *er* am Ende hörst du manchmal ein *a* am Ende, obwohl du *er* schreiben musst.

Das ist bei Nomen (= Namenwörter) und bei einigen gesteigerten Adjektiven (= Eigenschaftswörter) so.

1. Steigere die Adjektive.

Beispiel: billig – billiger

schlau – ______________________

groß – ______________________

gefährlich – ______________________

schön – ______________________

gut – ______________________

schwer – ______________________

dunkel – ______________________

lieb – ______________________

lustig – ______________________

weich – ______________________

kalt – ______________________

2. Sieh dir jetzt die Nomen an.
   Unterstreiche bei jedem Nomen die Endung *er*.

Kasper

Tiger

Schwester

Großmutter

Koffer

Fahrer

Bruder

Keller

Hamburger

Lehrer

3. Schreibe die Wörter ab.

____

____

____

Station 9 Silbentrennendes *h* (Spielanleitung)

Viele Wörter haben in der Mitte ein *h*,
das nur schlecht zu hören ist.
Es wird silbentrennendes *h* genannt,
weil vor ihm das Wort getrennt wird.
Das ist bei Nomen und bei einigen gesteigerten Adjektiven so.

Beispiel: gehen, ge-hen

Würfelspiel

Suche dir ein bis drei Mitspieler.
Du brauchst einen Würfel, eine Karte zum Abdecken der Wörterkiste und für jeden Mitspieler eine Spielfigur. Die Wörter in der Wörterkiste auf dem Spielplan deckst du ab. Sie werden zur Kontrolle gebraucht.

Spielregeln:

Beginnt bei A = Anfang. Es wird reihum gewürfelt. Rauswerfen gibt es nicht, bereits besetzte Felder werden einfach übersprungen. Bei einer 6 wird nicht nochmal gewürfelt.

Wer ein Feld erreicht hat, muss das dort stehende Wort trennen. Anschließend kontrollieren alle Mitspieler, ob richtig getrennt wurde. Dazu deckt man die Wörterkiste auf. Danach werden die Wörter wieder abgedeckt.

Hat ein Spieler falsch getrennt, muss er zurück auf A.
Sieger ist, wer zuerst Z = Ziel erreicht hat.

Station 9 Silbentrennendes h (Spielplan)

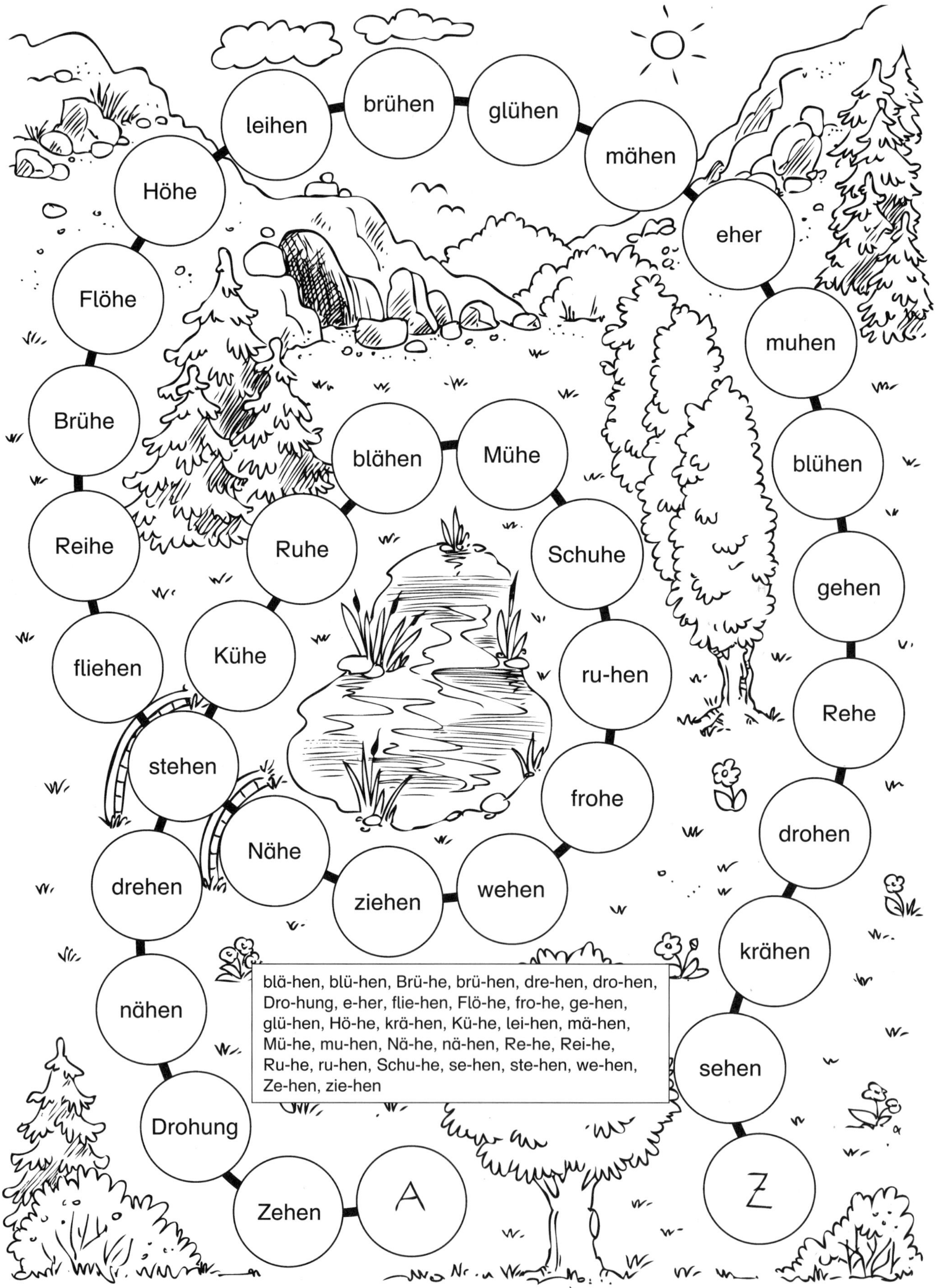

blä-hen, blü-hen, Brü-he, brü-hen, dre-hen, dro-hen, Dro-hung, e-her, flie-hen, Flö-he, fro-he, ge-hen, glü-hen, Hö-he, krä-hen, Kü-he, lei-hen, mä-hen, Mü-he, mu-hen, Nä-he, nä-hen, Re-he, Rei-he, Ru-he, ru-hen, Schu-he, se-hen, ste-hen, we-hen, Ze-hen, zie-hen

Station 1 Satzschlusszeichen

AMENDEINESSATZESSTEHENEINPUNKT,
EINFRAGEZEICHENODEREINAUSRUFEZEICHEN.

1. Entziffere den Rätselsatz und schreibe ihn auf.

2. Ergänze in den folgenden Texten alle Satzschlusszeichen: Punkte, Ausrufezeichen und Fragezeichen.

Beim Metzger

Frau Müller betritt eine Metzgerei_
„Meine Kinder haben immer großen Hunger _ Kann ich bei Ihnen einen Meter Wurst kaufen_ “, fragt sie_ Die Verkäuferin schüttelt den Kopf_ „Aber Frau Müller, bei uns verkaufen wir die Wurst doch nach Kilo, nicht nach Meter“, sagt sie_ „Ach so_Na, das soll mir auch recht sein_ Dann geben Sie mir bitte einen Kilometer Wurst_“

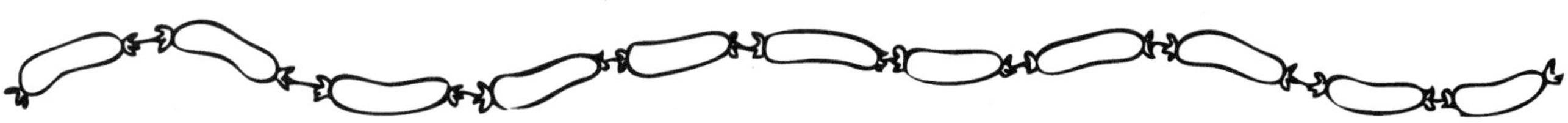

Frisches Wasser

Lukas hat ein Goldfischglas mit zwei Goldfischen darin bekommen_ Er nennt sie Max und Moritz und beobachtet sie oft: Max und Moritz schauen ihn mit großen Augen an und machen den ganzen Tag ihr Mäulchen auf und zu_ Am Samstag fragt ihn seine Mutter: „Hast du deinen Goldfischen schon frisches Wasser gegeben_“ Lukas meint: „Nein, Mama, die brauchen noch kein frisches Wasser_ Die haben ja das alte Wasser im Glas noch nicht getrunken_“

3. Suche dir einen Partner. Lies ihm einen Text vor. Der Partner steht vor einem Stuhl, entscheidet, welches Satzschlusszeichen fehlt, und macht eine passende Bewegung:
   Punkt: hinsetzen und rund machen
   Ausrufezeichen: auf Zehenspitzen stellen und Arme nach oben strecken
   Fragezeichen: stehend einen Katzenbuckel machen
   Du prüfst, ob er es richtig macht. Dann liest dein Partner dir den anderen Text vor und du setzt die Satzschlusszeichen mit der entsprechenden Bewegung.

Station 2 Kommas bei Aufzählungen

?,!

Zwischen aufgezählten Dingen in einem Satz
setzt man ein Komma.

Beispiel:
Für die Schule brauche ich ein Heft, einen Farbkasten, ein Lineal und einen Schnellhefter.

Entrolle die Sätze mit den Aufzählungen.
Schreibe sie auf und setze die Kommas.

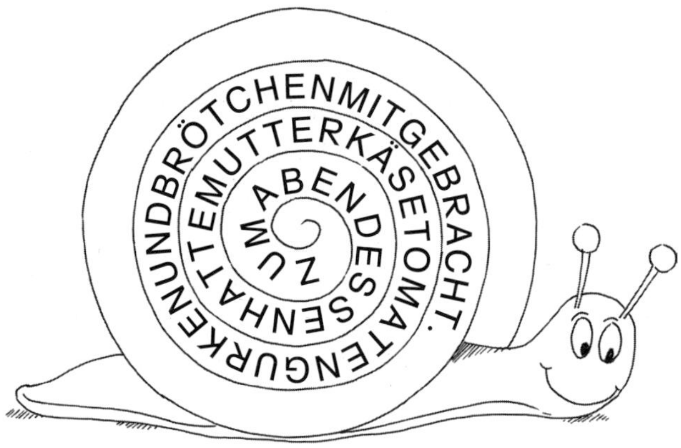

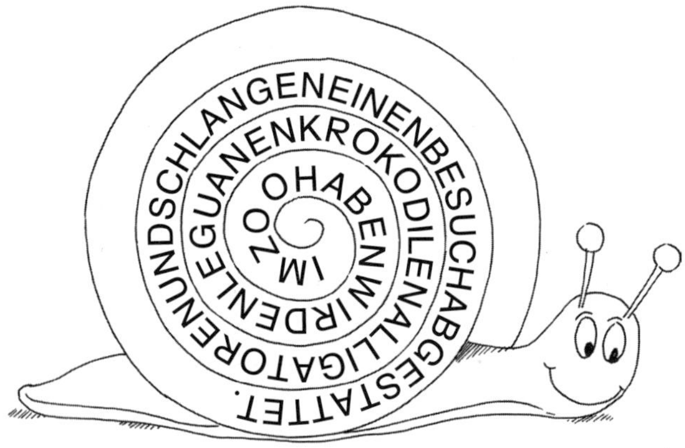

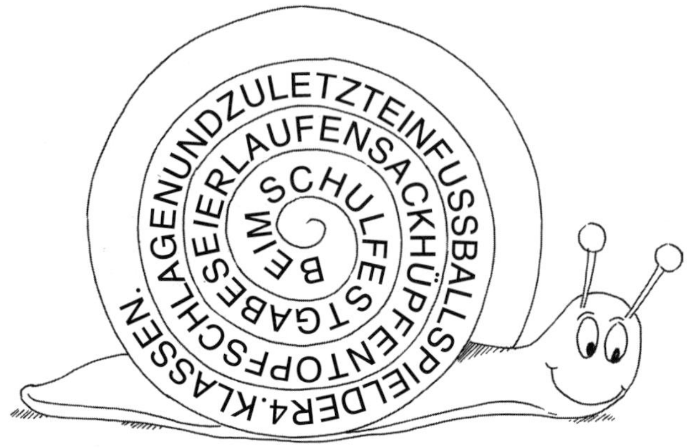

Station 3 Kommas vor Nebensätzen

Nebensätze beginnen oft mit
„weil“, „denn“, „dass“, „als“, „nachdem“.
Solche Nebensätze werden mit einem Komma abgetrennt.

Beispiel:
Ich hatte mich verlaufen, nachdem es dunkel geworden war.

1. Forme Sätze aus den einzelnen Satzteilen. Vergiss das Komma nicht.

Du siehst doch selbst	weil es sich nach dem Gewitter abgekühlt hat.
Zieh dir besser eine Jacke an	dass der Reifen an deinem Fahrrad aufgepumpt werden muss.
Du hast am Knie geblutet	wenn ich dir eine Pizza backen soll.
Du musst noch einige Zutaten kaufen	als du mit dem Roller gestürzt warst.

1. Satz: ____________________

2. Satz: ____________________

3. Satz: ____________________

4. Satz: ____________________

2. Füge die Kommas in die Sätze ein.

Ich spiele gerne mit dir weil du auch mal verlieren kannst.

Wir müssen jetzt das Schwimmbad verlassen denn unsere Badezeit ist um.

Ich mag nichts mehr essen weil ich satt bin.

Station 4 Kommas nach Nebensätzen (Arbeitsblatt)

Manchmal fängt ein Satz mit einem Nebensatz an. Dann wird zwischen dem Nebensatz und dem Hauptsatz ein Komma gesetzt.

Zu Beginn eines Nebensatzes stehen oft die Wörter „weil“, „denn“, „dass“, „als“, „nachdem“.

Beispiel:
Als wir die Oma vom Bahnhof abholen wollten, regnete es in Strömen.

1. Schneide die Satzteile aus. Klebe sie so zusammen, dass sinnvolle Sätze entstehen. Vergiss die Kommas nicht!

2. Setze das Komma zwischen Neben- und Hauptsatz.

Weil du mir manchmal die Aufgaben erklärst möchte ich dir heute ein Eis ausgeben.

Als wir in den Erlebnispark kamen waren alle Tische schon besetzt.

Dass du noch nicht Auto fahren kannst ist doch ganz klar.

Wenn wir den Bus verpassen müssen wir den weiten Weg laufen.

Als sie ihr Handy verloren hatte musste meine Mutter ihr Konto sperren lassen.

Nachdem das Gewitter sich verzogen hatte schien bald wieder die Sonne.

Station 4 | Kommas nach Nebensätzen (Satzstreifen)

Nebensätze:

 Wenn du mehr von der Welt sehen willst

Seitdem Vater morgens Körnermüsli isst

 Nachdem Oma schwimmen gelernt hatte

Bevor du mit dem Zähneputzen beginnst

Als unsere Lehrerin unser Grundstück betrat

 Nachdem ich die Hausaufgaben erledigt hatte

Hauptsätze:

durfte ich meine Freunde besuchen.

sollteset du einen Blick auf die Bürste werfen; das ist eine Haarbürste. 

pfeift er den ganzen Tag lustige Liedchen. 

solltest du die langen Haarsträhnen über den Augen abschneiden lassen.

verbrachte sie die Hälfte ihres Lebens im Schwimmbad.

begann unser Hund zu jaulen. 

Kommas:

,	,	,	,	,	,

Station 5 Wörtliche Rede

1. Schneide die Puzzleteile sorgfältig aus und klebe sie hier passend zusammen.

2. Ergänze in den Texten die Anführungszeichen.

Junge, schämst du dich denn nicht? , fragt der Vater seinen Sohn. Jetzt wasch dir aber mal schnell die Finger! Zehn Jahre bist du alt und kommst mit so schmutzigen Händen zum Essen. Hast du mich schon mal mit so dreckigen Händen gesehen? – Nein, Papa, aber als du zehn Jahre alt warst, habe ich dich noch nicht gekannt.

Was ist denn das für ein kleiner Hühnerstall, Tante? – Das ist doch kein Hühnerstall, Kind. Das ist ein Vogelkäfig. – Bei uns auf dem Bauernhof haben wir nur einen Hühnerstall. – Schau dir doch meinen bunten Papageien einmal an! Magst du so einen Vogel? – Ich weiß nicht, Tante! Zu Hause haben wir so ein Tier noch nie gegessen.

Station 6 Wörtliche Rede im Text

?, !

Die wörtliche Rede steht immer
in Anführungszeichen.
Der vorangestellte Begleitsatz endet mit
einem Doppelpunkt.
Die wörtliche Rede endet immer mit einem Komma, wenn
der Begleitsatz der Rede folgt.

Beispiele:
Lea erzählt: „Im Urlaub bin ich jeden Tag im Meer geschwommen."
„Ich bin jeden Tag mit dem Pferd ausgeritten!", ruft Anna.
„Und wir waren auf einem Boot unterwegs", berichtet Tim. „Das war auch toll!"

Ergänze Komma, Doppelpunkt und Anführungszeichen.

Kummer

Die Kinder spielen zusammen auf der Straße. Plötzlich fängt der kleine Jakob laut an zu weinen.

__ Hast du dir wehgetan? __ __ fragt seine Mutter aus dem Fenster.

__ Nein __ __ sagt Jakob und weint weiter.

Besorgt fragt seine Mutter __ __ Hat dich jemand geschlagen? __

Jakob antwortet __ __ Nein! __

__ Warum weinst du denn überhaupt? __ __ will seine Mutter verwirrt wissen.

__Weil der Karl einen großen Pferdeapfel gefunden hat __ __ erklärt Jakob. __ Alle dürfen daran riechen, nur ich nicht. __

Station 1 Trennung bei Wörtern mit langen Vokalen

Bei Wörtern mit langen Vokalen ist
die Trennung kein Problem:
einfach klatschen, genau hinhören und dann
entscheiden, wo getrennt wird.

Beispiel: leben, le-ben

Bilde Wörter aus den Silben und finde die Lösung.

BEL – BEL – BEN – BO – E – E – FO – GA – GEL – GEN – GEN – GEN – GEN – I – KEL – LE – ME – NA – NA – NA – NO – RE – SCHNA – SE – SEN – TRA – TEN – U

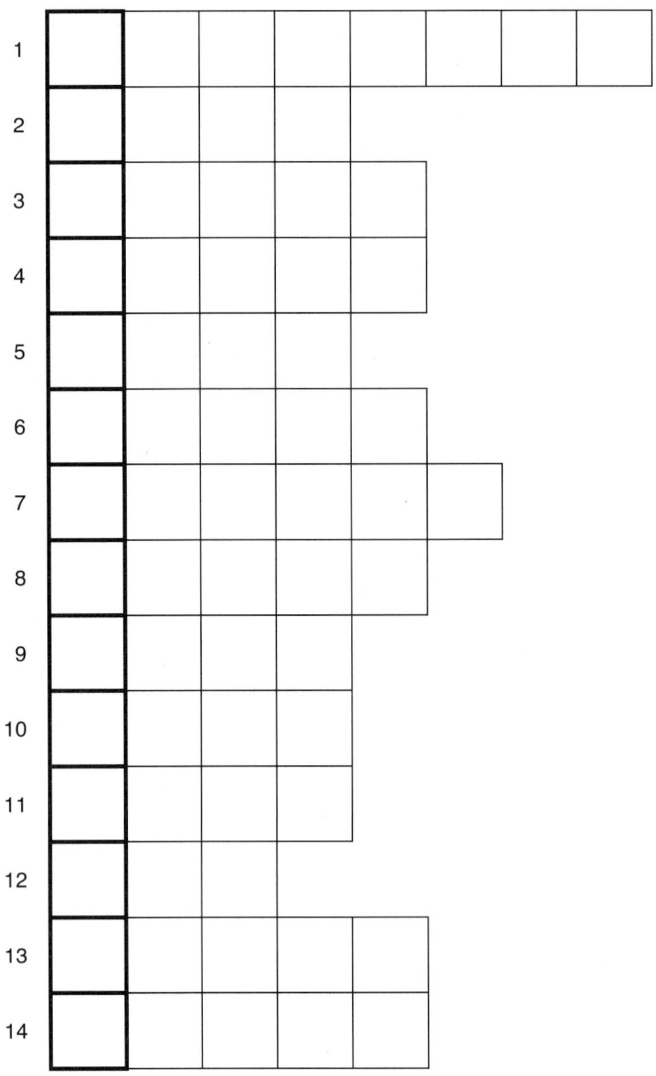

1. „Maul“ eines Vogels

2. Stacheltier
3. Man lernt es in der Schule mithilfe eines Buches.
4. Damit schießt man Pfeile ab.
5. Anderes Wort für glatt, gerade, ohne Berge und Hügel
6. Mit den Zähnen etwas durchbeißen
7. Etwas mit den Händen von einem Ort zum anderen bringen
8. Wasser, das vom Himmel fällt
9. Bezeichnung für einen bitterbösen Menschen
10. Sie befindet sich mitten im Gesicht.
11. Jeder Mensch hat ihn, damit er gerufen werden kann.
12. Mit ihm fliegen Außerirdische.
13. Sie stehen im Zeugnis.
14. Man benutzt sie beim Essen.

Lösungswort:

1	2	3	4	5	6	7	8	9	10	11	12	13	14

Station 2 Trennung bei Wörtern mit *pf* und *tz* in der Mitte

Trenne die Wörter mit *pf* und *tz*
in der Mitte zwischen ihren Silben.
Sprich deutlich!

Beispiele: Tropfen, Trop-fen; trotzen, trot-zen

Finde heraus, ob hier *pf* oder *tz* in ein getrenntes Wort gehören.
Ordne die Wörter zu.

A* - *EL
SI* - *EN
PU* - *EN
KA* - *E
KÖ* - *E
SPI* - *E
SCHNU* - *EN
WI* - *E
GI* - *EL
TÖ* - *E
HI* - *E
ST* - *EN
SCHNI* - *EN
STO* - *EN
MÜ* - *E
HÜ* - *EN

Schreibe: **Trop-fen**

Schreibe: **trot-zen**

Station 3 — Trennung bei Wörtern mit *st* (Arbeitsblatt und Memory®-Karten 1)

Trenne die Wörter mit *st* in der Mitte zwischen ihren Silben.
Sprich deutlich!

Beispiele: Wüste, Wüs-te; bester, bes-ter

Suche dir einen Partner und spielt Memory®.

KISTE	KIS-TE	KASTEN	KAS-TEN
ÄSTE	ÄS-TE	DURSTIG	DURS-TIG
FESTE	FES-TE	FASTEN	FAS-TEN
FÄUSTE	FÄUS-TE	GÄSTE	GÄS-TE
MONSTER	MONS-TER	PFLASTER	PLAS-TER

Station 3 – Trennung bei Wörtern mit *st* (Arbeitsblatt und Memory®-Karten 2)

HUSTEN	HUS-TEN	LISTE	LIS-TE
LEISTE	LEIS-TE	MASTEN	MAS-TEN
MÜSSTE	MÜSS-TE	NESTER	NES-TER
RASTEN	RAS-TEN	ROSTEN	ROS-TEN
LASTER	LAS-TER	SCHWESTER	SCHWES- TER

Station 4 Trennung bei Wörtern mit *sp* in der Mitte

Tren- nung

Trenne die Wörter mit *sp* in der Mitte zwischen ihren Silben.
Sprich deutlich!

Beispiele: Kasper, Kas-per

In der Wörterkiste sind Silben versteckt. Bilde daraus neun Wörter mit *sp* in der Mitte. Schreibe sie mit Silbentrennung auf.

____

____

Station 5 – Trennung bei Wörtern mit *sch* und *ß* in der Mitte (Spielanleitung und Lösungskarte)

Bei Wörtern mit *sch* und *ß* in der Mitte
ist das Trennen nicht schwer.
Klatsche die Wörter, höre genau hin und entscheide dann,
wo getrennt wird.

Beispiele: Tasche, Ta-sche; Straße, Stra-ße

Würfelspiel

Suche dir ein bis drei Mitspieler.
Du brauchst einen Würfel, die Wörterliste zum Kontrollieren und für jeden Mitspieler eine Spielfigur. Ein Kind wird Spielleiter. Es erhält keine Spielfigur.

Spielregeln:

Das jüngste Kind beginnt. Es wählt eine Reihe und setzt seine Spielfigur auf das unterste Feld (A = Anfang). Nun würfelt es eine Zahl von 1 bis 6 und wählt ein Wort mit dieser Zahl, um es zu trennen. Es sagt dem Spielleiter, wie die Trennung vorgenommen werden muss.

Der Spielleiter kontrolliert die Antwort anhand seiner Liste mit den Lösungen. Bei richtiger Lösung rückt der Spieler ein Feld vor, bei falscher Lösung bleibt er auf seinem Platz. Die anderen Mitspieler gehen genauso vor.

Sieger ist, wer zuerst Z = Ziel erreicht hat.

Lösungsliste für Spielleiter

1	Ta-sche	6	Sträu-ße	4	hei-ßen	1	zwi-schen
5	Stra-ße	4	La-sche	2	Klö-ße	6	mi-schen
2	Fla-sche	6	sto-ßen	6	tau-schen	3	du-schen
6	Bu-ße	4	wa-schen	1	sü-ße	3	Ti-sche
3	Fi-sche	1	Ma-ße	5	Wä-sche	4	wi-schen
5	Fü-ße	5	na-schen	6	Ma-sche	1	lö-schen
4	Bü-sche	3	bei-ßen	4	Geräu-sche	5	gie-ßen
1	rau-schen	6	Frö-sche	5	wei-ße	3	zi-schen

Station 5 Trennung bei Wörtern mit *sch* und *ß* in der Mitte (Spielplan)

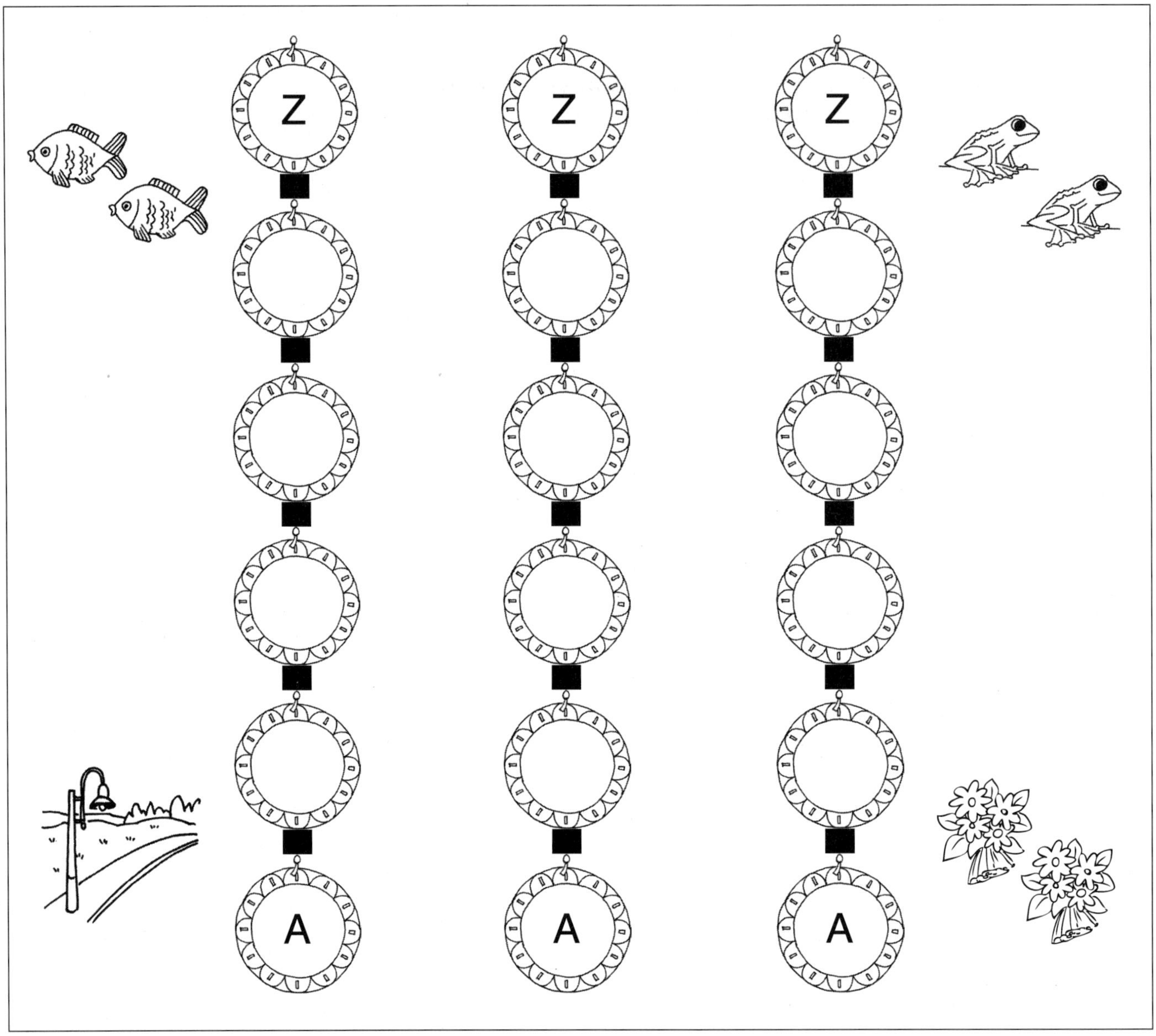

1	Tasche	6	Sträuße	4	heißen	1	zwischen
5	Straße	4	Lasche	2	Klöße	6	mischen
2	Flasche	6	stoßen	6	tauschen	3	duschen
6	Buße	4	waschen	1	süße	2	Tische
3	Fische	1	Maße	5	Wäsche	4	wischen
5	Füße	5	naschen	6	Masche	1	löschen
4	Büsche	3	beißen	4	Geräusche	5	gießen
1	rauschen	6	Frösche	5	weiße	3	zischen

Station 6 Trennung bei Wörtern mit *ch*

Wörter mit *ch* werden oft
vor dem *ch* getrennt.
Klatsche jedes Wort, bevor du entscheidest,
wo es getrennt wird.

Beispiele: Eiche, Ei-che; Kirche, Kir-che

1. Markiere mit einem roten Strich, wo die Wörter der Wörterschlange getrennt werden müssen.

2. Suche dir dann zehn Wörter aus, die du in die Mitte schreibst.

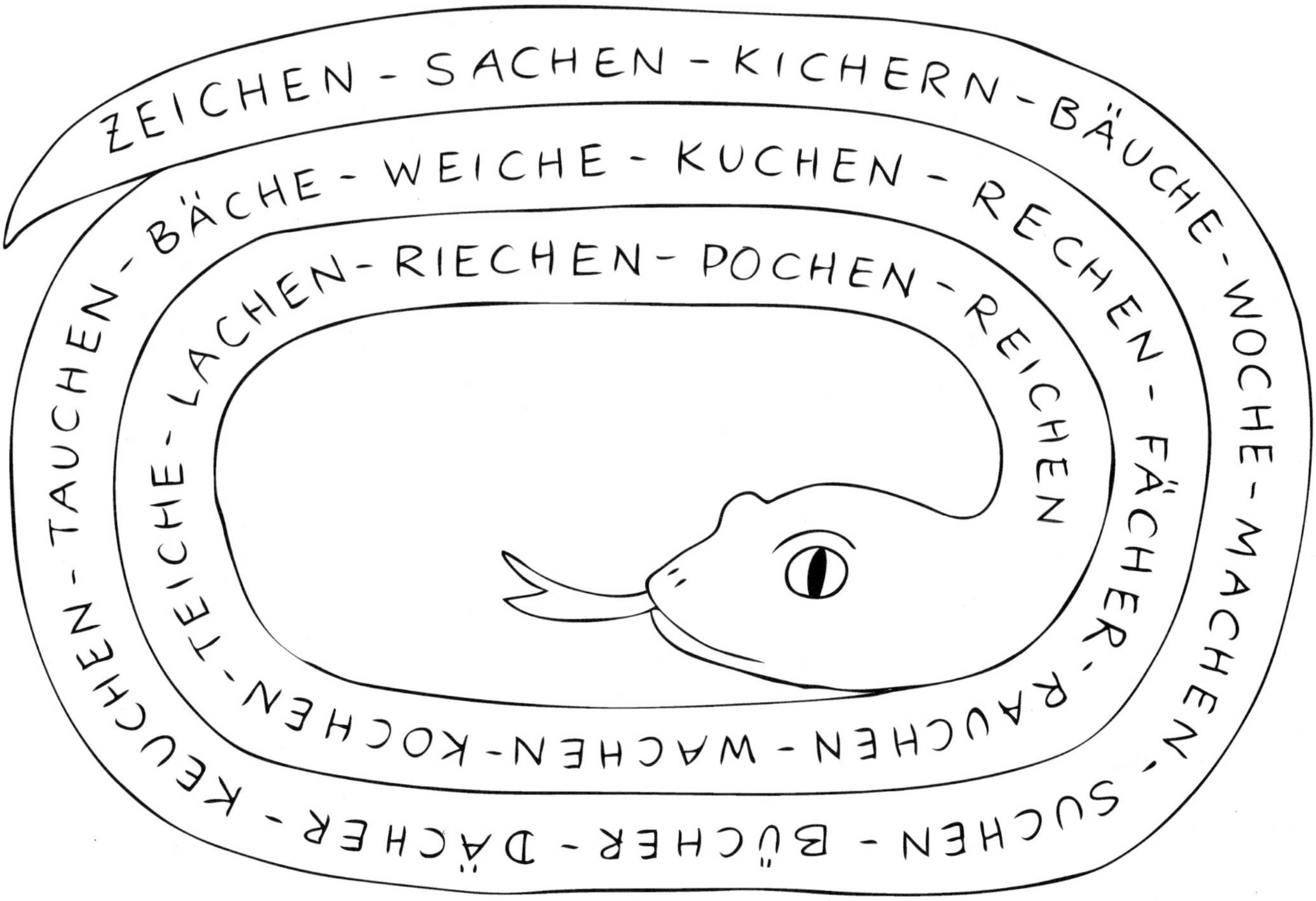

Station 1 Mitsprechwörter

Mitsprechwörter sind Wörter, die du schreibst, wie du sie sprichst.

Übe die Mitsprechwörter so:

1. Suche dir einen Partner.
2. Drehe eine Wortkarte um, lies das Wort und gib die Karte deinem Partner.
3. Springe das Wort Buchstabe für Buchstabe nach und sprich dabei mit.
4. Dein Partner überprüft mithilfe der Wortkarte, ob du das Wort richtig springst.
5. Dann tauscht ihr. Übt so jeder drei Wörter.

Genauso übst du Mitsprechwörter auch beim Abschreiben ins Heft, nur dass du sie schreibst statt sprichst. Lies dir das geschriebene Wort danach selbst noch einmal deutlich vor und kontrolliere erst dann mit der Wortkarte oder dem Wörterbuch.

Fallschirm	Gemüse	Tannenwald
Schattenbild	Rattenfalle	Krankenhaus
Bratpfanne	Wassermann	Pferdestall
Milchtasse	Kuchengabel	Marmelade

Station 2 „Fotografieren“ von Wörtern

Wörter werden „fotografiert“,
wenn man sich ihre Buchstaben genau einprägt.

Übe das „Fotografieren“ von Wörtern so:

1. Sieh dir das Wort genau an und präge es dir ein.
2. Lies das Wort nur in Gedanken, nicht laut.
3. Drehe dann die Wortkarte auf die andere Seite.
4. Schreibe das „fotografierte“ Wort in dein Heft.
5. Überprüfe mit der Wortkarte.

Alphabet	Computer	Eichhörnchen
Reisekoffer	Deutschland	Höhle
Jagd	Sackhüpfen	Katzenpfote
Pantoffel	Rucksack	Teppich

Station 3 | Ein Wort im Wörterbuch finden

Im Wörterbuch und auf den Wörterlisten kannst du dich leicht zurechtfinden.
Wenn du einen Trick beherrschst:

Wörterbücher und Wörterlisten sind nach dem Abc geordnet. (Lexika übrigens auch.)

Wenn du also mehrere Wörter nachschlagen willst, musst du daran denken.

1. Bearbeite folgende Aufgabe:

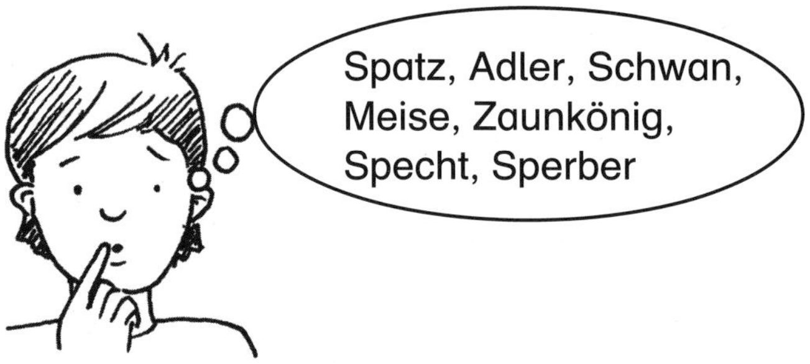

Zuerst kommt der 1. Buchstabe
Du suchst nach dem Wort, dessen Anfangsbuchstabe im Abc als Erster zu finden ist.

Das ist hier das A: ______________________________

Findest du nun einen Vogel mit B?
Nein. Welcher Vogel ist denn der Nächste auf der Liste?

Es ist die ____________________, denn ihr Name beginnt mit __________ .

Wie geht es weiter? Welcher Anfangsbuchstaben kommt dann im Abc?
Aber nun wird es etwas schwieriger.
Du bist beim S angekommen.
Hilft dir das schon?
Nein. Du musst auf den zweiten Buchstaben achten.

Also __________; dann ist der nächste Vogel der ____________________ .

Nun suchen wir einen Vogel, dessen Name die ersten beiden Buchstaben __________ hat.
Hilft dir das schon?
Nein. Also musst du auf den dritten Buchstaben achten.

Gibt es einen Vogel mit Spa? Ja, den __________ .

Danach folgt ein Vogel mit Spe. Hilft dir das schon?
Nein? Dann ist nun der vierte Buchstabe dran.

Hilft dir das? Ja, also kommt nun der ____________________ und als letzter Vogel

mit Sp steht der ____________________ auf deiner Liste.

Als allerletzten Vogel notierst du dann noch den ____________________

2. Schreibe die Vögel noch einmal in alphabetischer Reihenfolge auf.

____

Station 4 Nachschlagen im Wörterbuch

Finde die folgenden Wörter in deinem Wörterbuch.
Notiere die zugehörige Seitenzahl.

Ziffernblatt Seite: ____________	Widerhall Seite: ____________
Verwandtschaft Seite: ____________	Spaziergang Seite: ____________
Ruine Seite: ____________	Maulwurf Seite: ____________
Kaulquappe Seite: ____________	Hochzeit Seite: ____________
Gesundheit Seite: ____________	Flugzeug Seite: ____________
Ellbogen Seite: ____________	Dolmetscher Seite: ____________
Datum Seite: ____________	Bescherung Seite: ____________
Benzin Seite: ____________	Appetit Seite: ____________

Station 5 Schwierige Wörter im Wörterbuch finden

Finde die folgenden Wörter in deinem Wörterbuch.
Notiere die zugehörige Seitenzahl.

Briefträger Seite: ____	Einbahnstraße Seite: ____
Geburtstag Seite: ____	Heimweh Seite: ____
Kunststück Seite: ____	Paradies Seite: ____
Quälerei Seite: ____	Rezept Seite: ____
Schublade Seite: ____	Thermometer Seite: ____
unbequem Seite: ____	Vergissmeinnicht Seite: ____
Verbesserung Seite: ____	Weihnachtsbaum Seite: ____
Waisenkind Seite: ____	Zwetschge Seite: ____

Laufzettel

für ______________________

PFLICHTSTATIONEN

Stationsnummer	Erledigt am	Kontrolliert am
Nummer ________		
Nummer ________		
Nummer ________		
Nummer ________		
Nummer ________		
Nummer ________		
Nummer ________		
Nummer ________		
Nummer ________		

WAHLSTATIONEN

Stationsnummer	Erledigt am	Kontrolliert am
Nummer ________		
Nummer ________		
Nummer ________		

Lösungen

Groß- und Kleinschreibung/Station 1 — Seite 9

1. Überschriften und Wörter am Satzanfang werden großgeschrieben.
2. H – D – A – S – D – D – D – Z

Groß- und Kleinschreibung/Station 2 — Seite 10

1./2. Schule, Tag, Schule, Unterricht, Uhr, Schulsachen, Mäppchen, Hefte, Bücher, Pausenbrot, Zähne, Schule, Freunde, Ben, Mia, Pause, Ball, Boden, Kreide, Bilder, Schulhof, Geschichten, Sachunterricht, Mathematik, Spaß, Schule
Anzahl der gefundenen Nomen: 26

Groß- und Kleinschreibung/Station 3 — Seite 11

1.

S	C	H	U	L	E	M	A	R	T
T	S	C	H	R	L	E	S	E	N
I	F	R	E	U	N	D	E	R	S
F	L	A	H	P	A	U	S	E	P
T	M	B	U	N	T	K	Y	A	O
M	S	C	H	Ö	N	V	E	A	R
N	A	F	R	E	U	E	N	S	T

2.
Nomen: Schule, Freunde, Pause, Stift, Sport, Uhr
Verben: lesen, freuen
Adjektive: bunt, schön

Groß- und Kleinschreibung/Station 5 — Seite 14

1. individuelle Lösung
2. „Ich habe nichts zum Anziehen." „Mir fällt das Sprechen nach der Mandeloperation noch schwer."

Groß- und Kleinschreibung/Station 6 — Seite 15

1. Mit meiner Großmutter telefoniere ich meistens **nachmittags**. Bei uns gibt es **frei-tags** immer Fisch. Ich bin **abends** oft müde. Wir haben **samstags** immer schulfrei. Hier fährt **nachts** immer ein Zug vorbei.

Groß- und Kleinschreibung/Station 7 — Seite 16

1. Liebe Frau Müller,
   ich komme gerne zu **Ihnen** in die Schule. **Ihre** Sachunterrichtsstunden sind immer sehr spannend. Ich lerne gerne bei **Ihnen**.
   Aber jetzt habe ich eine Bitte an **Sie**, auch wenn ich weiß, dass **Ihnen** das sehr schwerfallen wird: Bitte machen **Sie** mit uns etwas zum Thema Spinnen. Ich weiß, dass **Sie** sich ein bisschen vor Spinnen ekeln, aber eigentlich sind sie ganz normale und friedliche Tiere.
   Ihr/Ihre ______________________

2. Die Anrede „Sie“ schreibt man groß.

Lang oder kurz?/Station 1 — Seite 17

1.

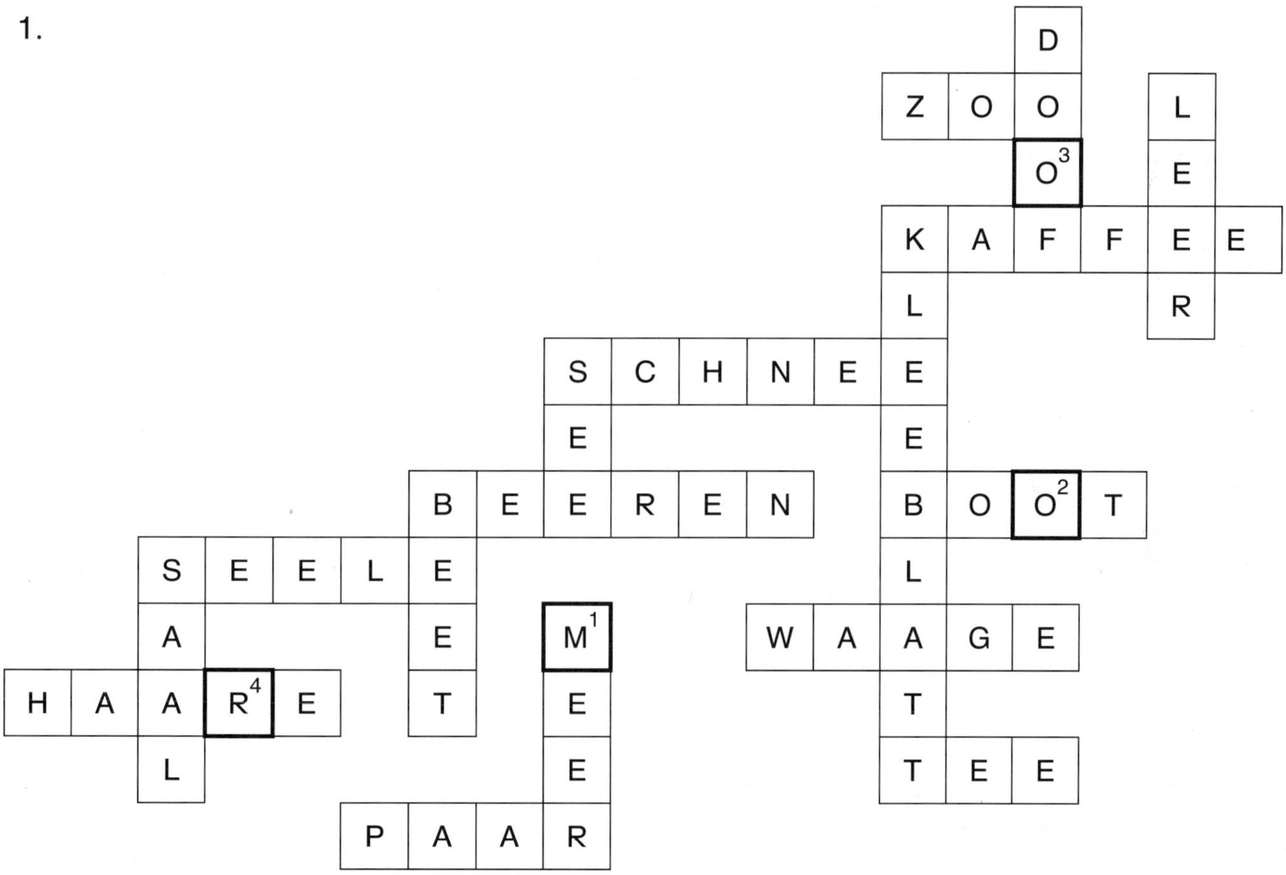

Lösungswort: MOOR

2. individuelle Lösung

Lang oder kurz?/Station 2 — Seite 18

2. Die Lehrerin gibt uns zehn fehlerfreie Diktate zurück. Wir fahren jedes Jahr mit der Bahn nach Ahlen. Frau Ohles Sohn bohrt im Ohr. Die Müllabfuhr fuhr um sieben Uhr nach Uhingen. Leider gibt es nur wenige Wörter mit ih: ihr, ihn, ihm, ihre. Kühle Stühle fühlen sich blöd an.
2. HUHN, REH, HAHN, KUH

Lang oder kurz?/Station 3 — Seite 20

G	I	E	S	S	E	N	W	T	I	E	F
D	V	I	E	R	Z	W	I	E	B	E	L
I	I	S	K	N	I	E	E	S	I	E	B
E	E	Q	U	I	E	T	S	C	H	E	N
B	L	A	U	F	L	I	E	H	E	N	I
S	I	L	K	L	I	E	T	I	E	R	E
P	A	B	R	I	E	F	I	E	B	I	T
I	D	R	I	E	C	H	E	N	O	E	E
E	B	I	E	G	E	N	R	E	E	S	U
L	I	E	G	E	N	B	I	E	N	E	L
E	E	S	E	L	A	M	M	I	E	T	E
N	R	E	N	L	I	E	B	E	S	I	E

G	I	E	S	S	E	N	W	T	I	E	F
D	V	I	E	R	Z	W	I	E	B	E	L
I	I	S	K	N	I	E	E	S	I	E	B
E	E	Q	U	I	E	T	S	C	H	E	N
B	L	A	U	F	L	I	E	H	E	N	I
S	I	L	K	L	I	E	T	I	E	R	E
P	A	B	R	I	E	F	I	E	B	I	T
I	D	R	I	E	C	H	E	N	O	E	E
E	B	I	E	G	E	N	R	E	E	S	U
L	I	E	G	E	N	B	I	E	N	E	L
E	E	S	E	L	A	M	M	I	E	T	E
N	R	E	N	L	I	E	B	E	S	I	E

Die Wörter TIEF und RIESE kommen je zweimal vor, TIER und TIERE in Einzahl und Mehrzahl.

Lang oder kurz?/Station 4 — Seite 21

IGEL, MASCHINE, LOKOMOTIVE, GARDINE, BERLIN, KATHARINA, BIBEL, MARGARINE, MEDIZIN, ERWIDERN, FAMILIE, GUMMI, JUNI, KANINCHEN, JULI, KILOMETER, AUGENLID, LINEAL, TIGER, VENTIL, SIRUP, RUINE, ROSINE, MINUTE, ZIGARETTE

Lang oder kurz?/Station 5 — Seite 22

Geige, Auge, Teufel – Scheune, Daumen, Deutschland – Scheibe, Schaufel, Pause – Baum, Heu, Reifen – Bauer, Eimer, Eis – Leiter, Beule, Keule – Leute, Reis, Raupe – Eule, Wein, Maul – Maus, Zeit, Beutel – Seite, Auto, Feuer

Lang oder kurz?/Station 6 — Seite 23

1. Affe, Puppe, Ball, Kamm, Kanne, Bett
2.

N	M	W	O	W	P	U	D	D	I	N	G	U
A	I	R	N	A	T	T	E	R	K	P	R	N
S	T	K	R	N	B	E	T	T	A	U	U	N
S	T	E	R	N	S	C	H	N	U	P	P	E
S	E	T	T	E	T	U	H	U	G	P	P	W
A	K	T	O	R	A	T	T	E	U	E	E	O
T	N	E	P	P	L	S	O	M	M	E	R	L
T	A	R	O	L	L	E	F	L	M	Ü	L	L
E	L	S	O	N	N	E	F	B	I	T	T	E
L	L	A	M	U	T	T	E	R	E	B	B	E
K	A	F	F	E	E	M	P	L	A	T	T	E

N	M	W	O	W	P	U	D	D	I	N	G	U
A	I	R	N	A	T	T	E	R	K	P	R	N
S	T	K	R	N	B	E	T	T	A	U	U	N
S	T	E	R	N	S	C	H	N	U	P	P	E
S	E	T	T	E	T	U	H	U	G	P	P	W
A	K	T	O	R	A	T	T	E	U	E	E	O
T	N	E	P	P	L	S	O	M	M	E	R	L
T	A	R	O	L	L	E	F	L	M	Ü	L	L
E	L	S	O	N	N	E	F	B	I	T	T	E
L	L	A	M	U	T	T	E	R	E	B	B	E
K	A	F	F	E	E	M	P	L	A	T	T	E

Nicht auf der Wörterliste stehen: MÜLL, EBBE, NASS, KNALL, GRUPPE

Lang oder kurz?/Station 8 — Seite 26

1. süß, Strauß, Wasser, weiß, küssen, Straße, fleißig, Klasse, Fußball, lassen, beißen, gebissen, groß, außen, Tasse, fressen, gießen, gegossen, heiß, scheußlich, Maßband, messen, nass, zuschließen, Tasse
2. individuelle Lösung

Ein Laut – viele Buchstaben/Station 1 — Seite 27

1. Faust/Fäuste, Baum/Bäume, laut/läuten, Blumenstrauß/Blumensträuße, Zaun/Zäune, Maus/Mäuse, Traum/Träume, bauen/Gebäude, außen/äußerlich, Haus/Häuser

2.

			F	R	E	U	**N**	D	L	I	C	H
						B	**E**	U	L	E		
				K	R	E	**U**	Z				
L	E	U	C	H	T	E	**N**					

S	T	R	E	U	E	**N**				
			T	E	U	**E**	R			
				D	E	**U**	T	S	C	H
						E	U	L	E	

					F	E	U	E	R
				F	**R**	E	U	E	N
				K	**E**	U	L	E	
		T	R	E	**U**				
	Z	E	U	G	**N**	I	S		
F	R	E	U	N	**D**	I	N		
		B	E	R	**E**	U	E	N	

Lösung: NEUN NEUE FREUNDE

3. Kräuter, Euter, Meute, Räuber, Verkäufer, Abenteuer, Bäuerin säuerlich, Läufer, deutlich, Käufer, feucht, Leute, betäuben

Ein Laut – viele Buchstaben/Station 2 — Seite 29

1.

T	R	Ä	N	E	N	E	R	N	G
M	Ä	D	C	H	E	N	G	Ä	Ä
H	T	S	H	H	L	W	E	H	H
Ä	S	C	H	W	Ä	T	Z	E	N
S	E	H	O	I	H	S	Ä	N	E
C	L	W	T	E	M	Ä	H	E	N
H	K	Ä	S	E	U	T	L	E	H
E	R	N	I	M	N	R	E	Z	N
N	N	E	L	L	G	O	N	A	H
J	Ä	T	E	N	K	Ä	F	I	G

T	R	Ä	N	E	N	E	R	N	G
M	Ä	D	C	H	E	N	G	Ä	Ä
H	T	S	H	H	L	W	E	H	H
Ä	S	C	H	W	Ä	T	Z	E	N
S	E	H	O	I	H	S	Ä	N	E
C	L	W	T	E	M	Ä	H	E	N
H	K	Ä	S	E	U	T	L	E	H
E	R	N	I	M	N	R	E	Z	N
N	N	E	L	L	G	O	N	A	H
J	Ä	T	E	N	K	Ä	F	I	G

TRÄNEN, MÄDCHEN, SCHWÄTZEN, MÄHEN, KÄSE, JÄTEN, KÄFIG, HÄSCHEN, RÄTSEL, SCHWÄNE, LÄHMUNG, ZÄHLEN, NÄHEN, GÄHNEN

2. März, Gelb, Felder, spät, Welt, Käfer, Zähne, ärgern, zehn, Feder, Welle, Hähnchen, Märchen, geht, Stern, Wälder, quälen, ernten, bellen, zärtlich

Ein Laut – viele Buchstaben/Station 3 — Seite 30

1. ei: Schwein, Fleiß, Leine, Brei, Eis, Stein;
   ai: Mai, Mais, Laib (Brot), Hai, Kaiser, Froschlaich
2. individuelle Lösung

Ein Laut – viele Buchstaben/Station 5 — Seite 33

1. verwechselt, wachse, sechs, wechseln
2. Eidechse, wechseln, Fuchs, wachsen, verwechseln, sechs, Dachs, Luchs
3. individuelle Lösung

Ein Laut – viele Buchstaben/Station 6 — Seite 34

1.

H	K	A	L	B	L	H	E	R	B
H	A	L	B	L	A	A	S	O	L
I	S	I	R	A	U	B	T	S	O
E	T	E	T	U	B	E	A	I	B
B	A	B	D	I	E	B	U	E	L
L	B	G	E	L	B	A	B	B	A
W	K	E	R	F	I	R	B	I	U
W	E	I	B	A	N	K	O	R	B

H	K	A	L	B	L	H	E	R	B
H	A	L	B	L	A	A	S	O	L
I	S	I	R	A	U	B	T	S	O
E	T	E	T	U	B	E	A	I	B
B	A	B	D	I	E	B	U	E	L
L	B	G	E	L	B	A	B	B	A
W	K	E	R	F	I	R	B	I	U
W	E	I	B	A	N	K	O	R	B

Das Wort LAUB kommt zweimal vor.

Ein Laut – viele Buchstaben/Station 7 Seite 35

1. der Zweig – die Zweige, der Käfig – die Käfige, der Tag – die Tage, das Werk – die Werke, stark – stärker, der Schlag – die Schläge, die Bank – die Bänke, hungrig – hungriger
2. König, Zwerg, Burg, Honig, Park, Fabrik
3. individuelle Lösung

Ein Laut – viele Buchstaben/Station 8 Seite 36

1. das Feld – die Felder, das Bad – die Bäder, das Lied – die Lieder, die Welt – die Welten, hart – härter, das Wort – die Wörter, das Kleid – die Kleider, der Wald – die Wälder, kalt – kälter, der Hund – die Hunde
2. Das Wort BUNT wird am Ende mit t geschrieben.
3. spannend – spannender – am spannendsten, fremd – fremder – am fremdesten, blöd – blöder – am blödesten, wild – wilder – am wildesten
4. Pferd, Hemd, Punkt, Hand

Ein Laut – viele Buchstaben/Station 9 Seite 37

In der Schule gebe ich mir Mühe und muss mich *anstrengen*. Vom vielen Schreiben tun mir manchmal die *Finger* weh! Aber manchmal *singen* wir auch ein Lied und wir lernen ganz viele spannende *Dinge*. Wenn es *klingelt*, haben wir Frühstückspause. Das ist auch gut so, ich habe meistens schon großen *Hunger*. Nach der Frühstückspause ist die große Pause. Da spielen wir dann: Die Mädchen *fangen* die *Jungen*. Manchmal machen die *Jungen* auch einen *Ringkampf*. Ich mag die Schule. Auch, wenn ich mich manchmal *anstrengen* muss.

Anders sprechen als schreiben/Station 1 Seite 38

1./2./3. individuelle Lösung
4. Lösung: STOPPELFELD

Anders sprechen als schreiben/Station 2 Seite 39

1. Spatz, Spiegel, Spinne, Spaten
2. spucken, spielen, springen, sprechen
3. SPITZE, SPORT, SPULE, SPÄT, SPARSCHWEIN, SPUCKE, SPAN, SPUR, SPECK, SPASS, SPIEL, SPEER, SPUK, SPEISE, SPIESS

Anders sprechen als schreiben/Station 3 — Seite 40

1. Nein, Quirle qualmen nicht. Nein, Quellen quaken nicht. Nein, Quartette quaken nicht. Nein, Quadrate sind nicht quer.
2. Qualle, Quadrat, Quartett, Quark
3. quakt, quengeln, quietschen, qualmt

Anders sprechen als schreiben/Station 4 — Seite 41

Baby	Yoga	Pyramide
Pony	Yeti	Xylofon
Party	okay	Pyjama
		Ypsilon

Anders sprechen als schreiben/Station 5 — Seite 42

1. Chor *, Chinese * oder o (je nach regionaler Aussprache), Cheeseburger +, Champion +, Chance o;
   Chef o, Chat +, Christbaum *, Chemie * oder o (je nach regionaler Aussprache), Chaos *

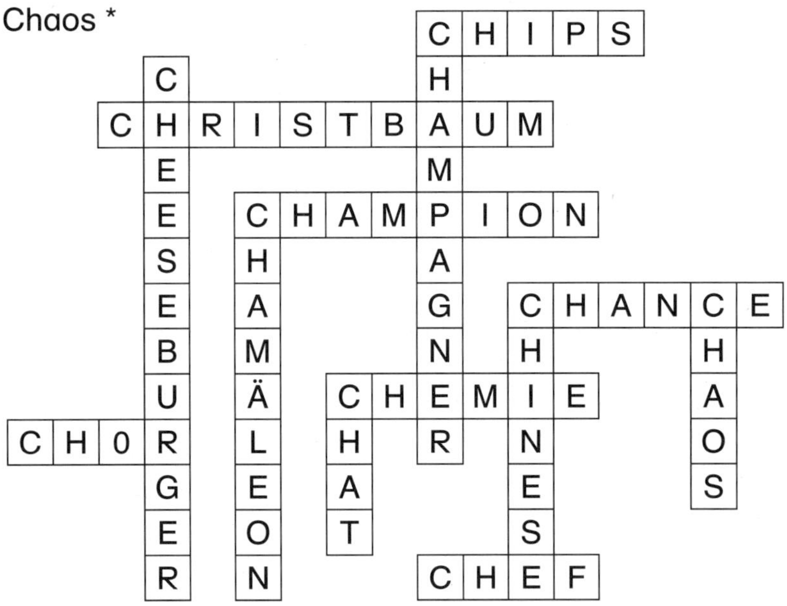

Lösung: ELCH CHRIS LACHT!

Anders sprechen als schreiben/Station 6 — Seite 44

1. Zeile: Vater, Vampir, Vogel; 2. Zeile: vormittags, unvorsichtig, vergisst; 3. Zeile: verstecken; 4. Zeile: verschläft, verhungert; 5. Zeile: vor, völlig, verzweifelt, 6. Zeile: Avocados; 7. Zeile: vorbildlicher, Vegetarier; 8. Zeile: viel, vorsichtiger; 9. Zeile: Verwandten, Vettern; 10. Zeile: verrückt, verheerend, unverbesserlich; 11. Zeile: Vater, Vampir, vergnügt; 12. Zeile: Eva, Vampir, Vater; 13. Zeile: verrückt, versponnen; 14. Zeile: unvernünftig, Verwandten.

Anders sprechen als schreiben/Station 7	Seite 45

PFEIL, DAMPF, PFANNKUCHEN, PFAND, PFERD, BRÜCKENPFEILER, APFEL, SCHNUPFEN, TANNENZAPFEN

Lösungswort: LANDEBAHN

Anders sprechen als schreiben/Station 8	Seite 46

1. schwer – schwerer, schlau – schlauer, dunkel – dunkler, groß – größer, lieb – lieber, gefährlich – gefährlicher, lustig – lustiger, schön – schöner, weich – weicher, gut – besser, kalt – kälter

2./3. Tiger, Kasper, Schwester, Großmutter, Koffer, Fahrer, Bruder, Keller, Hamburger, Lehrer

Zeichensetzung/Station 1	Seite 49

1. AM ENDE EINES SATZES STEHEN EIN PUNKT, EIN FRAGEZEICHEN ODER EIN AUSRUFEZEICHEN.
2.

Beim Metzger

Frau Müller betritt eine Metzgerei.
„Meine Kinder haben immer großen Hunger. Kann ich bei Ihnen einen Meter Wurst kaufen?“, fragt sie. Die Verkäuferin schüttelt den Kopf. „Aber Frau Müller, bei uns verkaufen wir die Wurst doch nach Kilo, nicht nach Meter“, sagt sie. „Ach so! Na, das soll mir auch recht sein. Dann geben Sie mir bitte einen Kilometer Wurst!“

Frisches Wasser

Lukas hat ein Goldfischglas mit zwei Goldfischen darin bekommen. Er nennt sie Max und Moritz und beobachtet sie oft: Max und Moritz schauen ihn mit großen Augen an und machen den ganzen Tag ihr Mäulchen auf und zu. Am Samstag fragt ihn seine Mutter: „Hast du deinen Goldfischen schon frisches Wasser gegeben?“ Lukas meint: „Nein, Mama, die brauchen noch kein frisches Wasser. Die haben ja das alte Wasser im Glas noch nicht getrunken.“

Zeichensetzung/Station 2	Seite 50

1. Schnecke: Zum Abendessen hatte Mutter Käse, Tomaten, Gurken und Brötchen mitgebracht.
2. Schnecke: Im Zoo haben wir den Leguanen, Krokodilen, Alligatoren und Schlangen einen Besuch abgestattet.
3. Schnecke: Beim Schulfest gab es Eierlaufen, Sackhüpfen, Topfschlagen und zuletzt ein Fußballspiel der 4. Klassen.

Zeichensetzung/Station 3 — Seite 51

1. Du siehst doch selbst, dass der Reifen an deinem Fahrrad aufgepumpt werden muss. Zieh dir besser eine Jacke an, weil es sich nach dem Gewitter abgekühlt hat. Du hast am Knie geblutet, als du mit dem Roller gestürzt warst. Du musst noch einige Zutaten kaufen, wenn ich dir eine Pizza backen soll.
2. Ich spiele gerne mit dir, weil du auch mal verlieren kannst. Wir müssen jetzt das Schwimmbad verlassen, denn unsere Badezeit ist um. Ich mag nichts mehr essen, weil ich satt bin.

Zeichensetzung/Station 4 — Seite 52

1. Wenn du mehr von der Welt sehen willst, solltest du die langen Haarsträhnen über den Augen abschneiden lassen. Seitdem Vater morgens Körnermüsli isst, pfeift er den ganzen Tag lustige Liedchen. Nachdem Oma schwimmen gelernt hatte, verbrachte sie die Hälfte ihres Lebens im Schwimmbad. Bevor du mit dem Zähneputzen beginnst, solltest du einen Blick auf die Bürste werfen; das ist eine Haarbürste. Als unsere Lehrerin unser Grundstück betrat, begann unser Hund zu jaulen. Nachdem ich die Hausaufgaben erledigt hatte, durfte ich meine Freunde besuchen.
2. Weil du mir manchmal die Aufgaben erklärst, möchte ich dir heute ein Eis ausgeben. Als wir in den Erlebnispark kamen, waren alle Tische schon besetzt. Dass du noch nicht Auto fahren kannst, ist doch ganz klar. Wenn wir den Bus verpassen, müssen wir den weiten Weg laufen. Als sie ihr Handy verloren hatte, musste meine Mutter ihr Konto sperren lassen. Nachdem das Gewitter sich verzogen hatte, schien bald wieder die Sonne.

Zeichensetzung/Station 5 — Seite 54

1.

2.

„Junge, schämst du dich denn nicht?“, fragt der Vater seinen Sohn. „Jetzt wasch dir aber mal schnell die Finger! Zehn Jahre bist du alt und kommst mit so schmutzigen Händen zum Essen. Hast du mich schon mal mit so dreckigen Händen gesehen?“ – „Nein, Papa, aber als du zehn Jahre alt warst, habe ich dich noch nicht gekannt.“

„Was ist denn das für ein kleiner Hühnerstall, Tante?“ – Das ist doch kein Hühnerstall, Kind. Das ist ein Vogelkäfig.“ – „Bei uns auf dem Bauernhof haben wir nur einen Hühnerstall.“ – „Schau dir doch meinen bunten Papageien einmal an! Magst du so einen Vogel?“ – „Ich weiß nicht, Tante! Zu Hause haben wir so ein Tier noch nie gegessen.“

Zeichensetzung/Station 6 — Seite 55

Kummer

Die Kinder spielen zusammen auf der Straße. Plötzlich fängt der kleine Jakob laut an zu weinen. „Hast du dir wehgetan?", fragt seine Mutter aus dem Fenster.„Nein", sagt Jakob und weint weiter. Besorgt fragt seine Mutter: „Hat dich jemand geschlagen?" Jakob antwortet: „Nein!" „Warum weinst du denn überhaupt?", will seine Mutter verwirrt wissen. „Weil der Karl einen großen Pferdeapfel gefunden hat", erklärt Jakob. „Alle dürfen daran riechen, nur ich nicht."

Worttrennung/Station 1 — Seite 56

1	s	C	H	N	A	B	E	L
2	I	G	E	L				
3	L	E	S	E	N			
4	B	O	G	E	N			
5	E	B	E	N				
6	N	A	G	E	N			
7	T	R	A	G	E	N		
8	R	E	G	E	N			
9	E	K	E	L				
10	N	A	S	E				
11	N	A	M	E				
12	U	F	O					
13	N	O	T	E	N			
14	G	A	B	E	L			

Lösungswort: SILBENTRENNUNG

Worttrennung/Station 2 — Seite 57

Wörter mit pf:
Schnup-fen, Gip-fel, hüp-fen, Ap-fel, Köp-fe, stop-fen, Töp-fe
Wörter mit tz:
Hit-ze, Spit-ze, schnit-zen, Kat-ze, sit-zen, Müt-ze, put-zen, Wit-ze

Worttrennung/Station 4 — Seite 60

KNOS-PE, RÄUS-PERN, KNUS-PERN, KAS-PER, LIS-PELN, RAS-PELN, WES-PE, WIS-PERN, HAS-PELN

Worttrennung/Station 6 — Seite 63

1. ZEI-CHEN, SA-CHEN, KI-CHERN, BÄU-CHE, WO-CHE, MA-CHEN, SU-CHEN, BÜ-CHER, DÄ-CHER, KEU-CHEN, TAU-CHEN, BÄ-CHE, WEI-CHE, KU-CHEN, RE-CHEN, FÄ-CHER, RAU-CHEN, WA-CHEN, KO-CHEN, TEI-CHE, LA-CHEN, RIE-CHEN, PO-CHEN, REI-CHEN

Strategietraining: Abschreiben und Nachschlagen/Station 3 — Seite 66

1.
Zuerst kommt der 1. Buchstabe
Du suchst nach dem Wort, dessen Anfangsbuchstabe im Abc als Erster zu finden ist.

Das ist hier das A: Adler
Findest du nun einen Vogel mit B?
Nein. Welcher Vogel ist denn der Nächste auf der Liste?

Es ist die Meise, denn ihr Name beginnt mit M.
Wie geht es weiter? Welcher Anfangsbuchstaben kommt dann im Abc?
Aber nun wird es etwas schwieriger.
Du bist beim S angekommen.
Hilft dir das schon?
Nein. Du musst auf den zweiten Buchstaben achten.

Also Sc; dann ist der nächste Vogel der Schwan.

Nun suchen wir einen Vogel, dessen Name die ersten beiden Buchstaben Sp hat.
Hilft dir das schon?
Nein. Also musst du auf den dritten Buchstaben achten.

Gibt es einen Vogel mit Spa? Ja, den Spatz.
Danach folgt ein Vogel mit Spe. Hilft dir das schon?
Nein? Dann ist nun der vierte Buchstabe dran.

Hilft dir das? Ja, also kommt nun der Specht und als letzter Vogel mit Sp steht der

Sperber auf deiner Liste.

Als allerletzten Vogel notierst du dann noch den Zaunkönig

2. Adler, Meise, Schwan, Spatz, Specht, Sperber, Zaunkönig